사소한 이야기 속
위대한 생각

사소한 이야기 ⊕
위대한 생각

펴낸날 2017년 11월 30일 1판 1쇄

지은이 이수철

펴낸이 김영선
교정·교열 이교숙
디자인 디자인 지폴리

펴낸곳 (주)다빈치하우스-미디어숲
주소 경기도 고양시 일산서구 고양대로632번길 60, 405호
전화 02-323-7234
팩스 02-323-0253
홈페이지 www.mfbook.co.kr
출판등록번호 제 2-2767호

값 15,800원
ISBN 979-11-5874-028-3

이 도서의 국립중앙도서관 출판예정도서목록(CIP)은 서지정보유통지원시스템 홈페이지(http://seoji.
nl.go.kr)와 국가자료공동목록시스템(http://www.nl.go.kr/kolisnet)에서 이용하실 수 있습니다.
(CIP제어번호 : CIP2017027678)

사소한 이야기

위대한 생각

이수철 지음

미디어숲

익숙한 것을 떨치고
자아의 신화를 찾는 길

저자를 처음 알게 된 것은 페이스 북을 통해서다. 스마트교육을 비롯하여 교육정보화 최신 정보를 공유하기 위한 그의 왕성한 교사 커뮤니티 활동이 매우 인상적이었다. 저자는 다방면에 걸쳐 놀랄 만큼 풍부한 식견을 보여주었다. 매일같이 책 한 권씩을 읽는다고 했고, 이를 바탕으로 부지런히 칼럼도 쓰고 있었다. 그리고 이를 현장에 접목시키기 위한 노력으로 교사 커뮤니티도 정열적으로 운영해오고 있었다.

이번에 그동안 써온 칼럼을 묶어 『사소한 이야기 속 위대한 생각』이라는 책으로 출간하게 되었다니 반가운 마음 금할 수 없다. 현장 교사의 시각으로 최신 교육정보를 탐색하여 '메타생각'

한 결과이니 그 울림이 매우 클 것으로 생각한다.

　제4차 산업혁명의 도래로 미래의 직업세계는 기하급수적 변화exponential change를 예고하고 있다. 지금 초등학교 저학년 어린이가 가질 직업의 65%는 현재 존재하지 않는 직업일 것이라는 보고도 있고, 새로운 기술발전으로 일자리가 늘어나겠지만 인공지능이나 로봇의 대체로 인해 사라지는 일자리도 수없이 많을 거라는 전망이 우세하다. 그리고 이런 일자리의 많고 적어짐의 문제뿐만 아니라 직업의 개념과 기능 또한 큰 변화가 불가피할 것이다. 지금은 학교를 졸업하면 특별한 경우를 빼면 평생직장이라는 고용관계를 상정하고 취업하고 있다. 그렇지만 앞으로는 수차례의 이직현상이 일반화될 것으로 예상된다. 구직보다는 창직創職 혹은 창업이 부각될 것이기 때문이다. 뿐만 아니라 직업과 생계 수단, 여가 및 삶의 질의 관계가 훨씬 복잡한 양상을 띠게 될 것이다.

　미래의 우리 아이들은 인공지능이나 로봇과 어우러져 경쟁하며 살아가야 한다. 그래서 과학적 특이점singularity과 포스트 휴먼까지 거론되고 있다. 신들의 주사위 놀이에 굴하지 않고, 불굴의 용기와 지혜를 발휘하며 주변과의 협업을 통해 계속적인 험난한 문제들을 해결한 오디세우스를 떠올려보자. 치열한 귀향의 과정을 통해 호모 사피엔스로서 자신의 정체성과 도덕적 완성을 지향하고 자신이 있을 자리를 찾아 지켜낸 오디세우스는, 4차 산업혁명 시대의 새로운 인재상으로 시사하는 바가 적지 않다고 생각한다.

피터 다이야만디스Peter Diamandis는 피터의 법칙으로 29가지 항목을 제시했다. 그 중 17번째 항목에서 "미래를 예측하는 가장 최고의 방법은 스스로 만드는 것이다The best way to predict the future is to create it yourself"라고 했다.

모쪼록 이 책이 인공지능시대를 살아갈 우리 아이들을 휴먼테크 리터러시를 갖춘 21세기 오디세우스형 인재로 키워내는 데 도움을 줄 수 있기 바란다. 칠흑같이 어두운 미래지만 자기주도적으로 미래를 설계하도록 내비게이터와 같은 역할을 했으면 하는 바람 또한 간절하다. 다이야만디스는 마지막 항목에서 "죽도록 갈망하는 것을 찾아내고 그것을 추구하며 살아가라Find something you would die for and live for it"고 강조한다. 이 책을 통해 모든 독자들이 『연금술사』의 주인공 산티아고처럼 익숙한 것을 떨쳐내고 '자아의 신화'를 찾아 나설 수 있기를 기원한다.

한석수(한국교육학술정보원장)

인공지능 시대,
우리는 어떻게 살아가야 할까?

우리는 이미 4차 산업혁명의 중심에 들어와 있다. 4차 산업혁명은 인공지능, 빅데이터, 사물인터넷, 가상현실 등과 같은 정보통신 기반 기술의 발전으로 무서운 속도로 우리에게 다가오고 있다. 그렇다면 이러한 새로운 기술의 가능성을 최대한 활용하고, 그 기술로 야기될 수 있는 위험을 방지할 수 있는 미래를 만들어 나가기 위해서 우리는 어떻게 대비해야 할까? 근본적으로는 교육을 고민해야 하고 인간에 대한 깊은 성찰이 필요하다고 생각한다.

저자는 엄청난 양의 책을 읽는 독서광이다. 책도 어느 한정된 분야만 읽는 게 아니라 다양하고 폭넓은 분야를 두루 섭렵하고 있다. 이 책은 저자의 이런 풍부한 인문학적 소양과 성찰을 바탕으로 집필되었다.

이 책에서 저자는 인간의 역사를 '도구의 역사'로 설명하고 있다. 인간은 도구를 어떻게 사용할 것인가를 고민하면서 유인원과는 다른 영장류로 진화해왔다. 우연히 번개에 맞아 불이 난 곳에서 발견한 익은 고기를 먹은 뒤, 그 고기가 더 맛있다는 걸 알게 된 인간은, 이후 생고기보다 익힌 고기를 더 많이 섭취하기 시작했다. 인간이 이렇게 생각하기 시작하면서 뇌의 용량은 폭발적으로 증가되었다. 그리고 불편함이나 문제점도 점차 스스로 해결하기 시작했다. 처음에는 낚싯바늘이나 돌화살촉으로 그림을 새기다가 이후 활자를 만들었다.

저자는 인간이 살아온 '지식의 역사, 감정의 역사, 커뮤니케이션의 역사' 등을 현재의 시대와 비교하면서 상세하게 서술하고 있다. 이탈리아가 번성했던 이유는 그리스의 고전으로부터 자신들을 되돌아보았기 때문이라는 것을 예로 들면서 현재의 삶이 옛것과 연결되어 톱니바퀴처럼 맞물려 돌아가고 있음을 강조한다. 즉, 사회는 인문학의 기반 속에서 발전한다는 것을 역사를 통해 알려준다.

그렇다면 인공지능, 가상현실, 증강현실 등이 일반화되는 현대사회에서 인간은 어떻게 살아가야 할까? 그리고 인간에게 필요한 것은 무엇일까? 독일, 네덜란드, 스위스, 이탈리아, 일본 등과 같은 선진국들이 잘살게 된 이유는 무엇일까? 저자는 직접 그 나라에서 경험한 것을 토대로 어떻게 살아가야 하는가에 대해 의문을 던지면서 다양한 해결 방안을 제시한다.

저자의 풍부한 경험과 다양하고 폭넓은 지식을 바탕으로 집필된 이 책을 통해 다가올 미래사회의 직업과 일자리, 4차 산업혁명과 인문학의 관계, 미래를 준비하기 위한 자세 및 역사적 배경에 대한 혜안을 얻을 수 있길 기대해 본다.

박기현(테크빌교육 부사장)

과거와 현재는
어떤 식으로든 연결되어 있다

한국과 일본이라는 서로 다른 나라에서 태어나
고 자란 저자는 내게 매우 소중한 친구이다. 우리는 교사로서 교
육 및 각종 미디어 테크놀로지와 관련해 어떻게 교육 발전에 이
바지할지 함께 고민했다. 시대 흐름에 따라 21세기 교육의 방향
에 대해 이야기를 나누면서 서로의 생각에 공감했다.

저자의 배움에 대한 자세는 언제나 나를 놀라게 한다. IT 기
술에 대해 많은 것을 연구하고 독서량 또한 굉장하다. 심리학 관
련 서적부터 애니메이션, 영화, 문학, 철학, 역사에 이르기까지
폭넓은 분야를 넘나든다. 그는 읽은 책의 서평을 SNS 등에 공개
하고 있다. 그리고 책을 읽고 얻은 폭넓은 지식은 활동을 통해서

알리거나 학습, 교육, 논문 등에도 게재하고 있다. 또한 그는 멋진 여행가이기도 한다. 마음에 와 닿는 문화나 도시가 있으면 실제로 그곳을 찾아가서 직접 경험하고 다양하게 활용한다.

저자의 집 책장에 빼곡히 꽂혀 있는 책들을 보면서 저자의 생각과 이론, 이야기를 지탱하고 있는 힘이 여기에서 나온다는 것을 느낄 수 있었다. 또한 저자는 자녀교육에도 적극적으로 참여하고 있다. 저자를 지지하는 것은 학문이나 지식뿐만 아니라 가족에 대한 배려, 그리고 자녀들과의 교류를 통해서도 이루어지고 있다.

이 책은 누구나 한 번쯤은 생각하고 고민하거나 궁금한 것들을 다양한 이론으로 알기 쉽게 소개한다. 다양한 분야에 대한 이야기를 읽어가다 보면, 모두 다른 주제이지만 결국 하나로 귀결된다는 것을 깨닫게 될 것이다. 따로 떨어져 있는 듯 보이지만 모든 세상과 사회, 과거와 현재는 어떤 식으로든 연결되어 있다. 더불어 보이지 않는 미래를 이 책을 통해 볼 수 있는 계기가 되리라 생각한다.

생각에 그치지 않고, 그리고 궁금한 것을 접어두지 않고 수없이 다양한 문제를 진지하게 마주 대하는 저자의 책은 미래를 살아가는 데 많은 도움을 줄 것으로 믿는다.

나카무라 준이치(일본 애플선도교사(ADE), 야마토 중학교 교사)

초연결사회,
위대한 생각을 찾아서…

       2015년 여름, 우리가족은 알프스의 최고봉 융프라워요흐에 있었다. 큰 아이가 고등학생이고 작은 아이는 중학생이었다. 그 당시 차를 렌트하여 4명이 하루에 300km 넘게 유럽 전역을 누비고 다녔다. 나와 아내가 교대로 운전하면서 다녔는데, 지도가 없어도 구글에서 한글 안내 서비스를 받을 수 있어서 길을 찾는데 큰 어려움이 없었다. 숙소 역시 정하지 않고 다녔지만, 아들 둘이 그날 숙박할 곳을 에어비앤비와 온라인을 통해서 예약했기 때문에 불편함이 없었다.

    여행을 다녀온 후, 나는 유럽 사람들이 어떻게 그처럼 행복하게 살고 있는지 그 이유가 궁금해졌다. 그 옛날의 괴테와 모차르트도 우리처럼 알프스를 넘어서 이탈리아로 여행을 했다는 사실을 알게 되었고, 중세 유럽의 르네상스가 시작된 것과 그로 인하여 역사가 다시 쓰였다는 것도 새삼 주목하게 되었다. 그리고 동양에서 종이, 나침반, 화약을 먼저 발명했음에도 불구하고, 아직도 서양에 한참이나 뒤처지는 느낌은 무엇 때문일까를 끊임없이 생각하며 '에듀클라우드'에 한국어, 일본어, 영어 3개국어로 칼럼 연재를 시작했다. 그리고 그 칼럼을 이 책으로 출간하게 된 것이다.

연재하던 당시는 교육부 스마트교육선도교사를 하면서 많은 선생님과 함께 스마트교육 포럼 그룹을 관리하던 시기였다. 새로운 교수학습방법을 학교현장이나 교사들과 공유하고 배우면, 우리나라도 유럽 같은 선진국이 될 것 같았다. 이에 학교, 교육청, 외국어 연구원, 수석교사모임, 대학 등에서 다양한 강의와 나눔을 실행했다. 또한 앞서 가는 국내외 교수들과 명사들을 초청해서 강연도 들었다.

그러면서 차츰 역사의 변화와 시대의 개혁은 '큰일'로부터 일어나는 것이 아닌, 사소한 작은 생각이나 행동의 실천에서 왔다는 것을 알게 되었다. 그리고 이러한 일들이 인간이 가지는 위대한 생각의 탄생으로 연결되고 있다는 사실에 놀랐다. 그래서 어린 학생들, 아직 진로를 정하지 못한 대학생들, 자녀를 어떤 방향으로 키워야 할지 답을 못 찾은 부모들, 학교현장에서 애쓰는 교사들, 또한 교육정책을 만들고 주도하는 이들에게 들려주고 싶었던 이야기들을 글로 풀어내기 시작했다. 이렇게 모든 사람들과 함께하면 호모사피엔스는 더욱 행복하게 살 것이라는 믿음에서 책을 내고 싶었다.

국가와 그 국가가 가진 다양한 문화의 통합은 생각보다 빨리 왔다. 스마트폰이 바로 그 증거이다. 스마트폰을 이용한 소셜미디어에 올린 글, 사진, 동영상, 텍스트자료 등을 함께 공유하는 것은 이제 모든 세계인의 공통적인 문화가 되었다. 국가, 인종, 종교, 언어 등이 달라도 전 세계인들과 연결되어 있는 초연결사회에 진입한 것이다. 사람들이 생각하는 것, 먹는 것, 입는 것, 좋아하는 것 등이 서로 비슷해지기 시작한 것이다. 지금은 인간이 감히 범접하지 못했던 의식의 연구로 신의 영역까지도 뛰어넘고 있다고 말하기도 한다. 음성 언어에서 인공지능 언어 시대가 되면서 그 흐름은 끊어지지 않고 역사적으로 이어지며 발전해 왔다. 오랜 고전의 지혜와 끊임없는 교육을 통해 성숙된 문명적인 생각이 세상을 바꾸고 있는 것이다.

여러분이 이 책을 읽으면서 앞으로 펼쳐질 세상은 어떤 세상일지, 무엇을 준비해 나가야 할지, 지혜를 얻고 용기를 얻는다면 나로서는 더 없는 영광이다. 나는 지금까지 가르치는 일을 '업'으로 살아왔다. 많은 사람과 스마트교육 디지털리터러시교육을 배우고 때로는 가르쳤다. 칼럼을 다듬으면서 함께하고자 하는 마음과 도와주고 싶은 마음들을 담아 나름대로 싣고자 애썼지만 부족한 점도 많으리라 생각한다. 작은 소망이라면 '세렌디피티Serendipity'와 같이 우연하게 이 책을 접하게 되었더라도 뜻밖의 중대한 발견을 함으로써 행복한 삶과 새로운 시대에 대한 해답을 얻기 바라는 마음이다.

2017 이수철

차 례

미래사회를 들여다보다

PART 2 그들에게서 배운다

PART 3 일상의 소소한 아이디어

인공지능 시대에도 변하지 않는 가치

PART 1

미래사회를
들여다보다

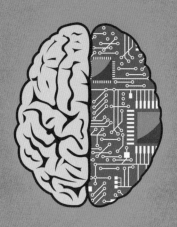

찌르레기는 특정한 한 마리가 리더십을 발휘하는 것이 아니라 협업적이고 집단적인 리더십
이 존재한다. 찌르레기 무리가 군무를 출 때는 절대 서로 부딪히지 않는다. 이와 같은 찌르
레기의 군무는 디지털 시대 인간의 생존방식을 보여준다.

인간의 역사는
그 근본에 있어서는 창조의 역사이다.

H. G. 웰스

터미네이터의 시대,
스카이넷이 인간을 지배하는가?

로봇이라는 용어가 처음 등장한 것은 1920년의 일이다. 체코슬로바키아의 극작가 카렐 차펙의 희곡 「R. U. R」 Rossum's Universal Robot에 등장하는 인조인간의 이름이 로보타Robota 이다. 이 로보타의 원래 의미는 '강제노동'이라는 뜻이다. 로비츠Robić는 폴란드어로 '일하다'이고, 로보트닉Robotnik은 남자 노동자, 로보니카Robotnica는 여성노동자를 의미한다. 이런 이유로 유럽 식자층은 로봇이라는 단어를 들었을 때 첨단 자동기계가 아닌 노동자라는 의미를 떠올리는 경우가 많았다. 독일에서 제작되는 로봇이 대부분 노동력을 대체하는 산업용 기계 로봇의 틀을 벗어나지 못하는 것도 바로 그 때문이다.

　로봇과 비슷하게 쓰이는 말로 안드로이드, 휴머노이드, 사이보그가 있다.

　구글의 모바일 OS이기도 한 안드로이드Android는 원래 그리스어로 '인간을 닮은 것'이라는 뜻이다. 1987년의 프랑스 작가 오귀스트 드 빌리에 드 릴아당이 소설『미래의 이브』에서 여성 로봇 아다리를 안드로이드라 불렀다. 여기에서 등장하는 것은 기계 로봇이 아니라 원형질에 인간의 피부와 장기 조직을 가진 인조인간의 개념이다.

　휴머노이드Humanoid는 단지 겉모양만 사람과 닮은 기계를 지

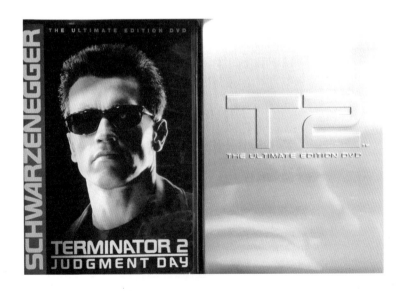

칭하는 말이다. 사람처럼 몸통과 두 팔을 지니고 두 다리로 걸어 다니는 것을 휴머노이드라고 한다. 터미네이터의 경우가 휴머노이드라고 할 수 있다.

사이보그Cyborg는 사이버네틱스 오가니즘Cybernetics Organism의 약자로 원래 인공장기를 가진 사람을 말한다. 1950년대 미항공우주국(NASA) 과학자들이 만들어낸 의학용어이다. 우주공간, 심해 등 특수상황에 투입되는데 따른 특수한 인공장기를 달아 초인적인 능력을 발휘하는 연구를 하면서 생겨난 말이다. 인간의 두뇌와 몸에 인공의 생체조직과 장기를 결합한 것을 '사이보그'라고 한다. 600만 불의 사나이와 로보캅은 전형적인 사이보그이다.

구글의 인공지능 알파고와 이세돌의 역사적인 바둑대결로 인공지능이라는 용어가 시대의 화두로 떠올랐다. 인공지능artificial intelligence이라는 용어는 1956년 다트머스 대학교의 존 매카시 교수가 록펠러 재단에 후원을 요청하는 메일에 사용하면서 처음 알려지게 되었다. 그 후 1960년 영화「2001 스페이스 오디세이」에 인공지능 HAL9001이 등장했다. 인간의 학습능력, 추론능력, 지각능력, 자연 언어의 이해능력 등을 컴퓨터 프로그램으로 실현한 기술을 말하는 인공지능은 발전 정도에 따라 약인공지능, 강인공지능, 초인공지능으로 분류한다.

약인공지능은 특정 업무에 특화되어 지각능력 없이 업무만 처리한다. 애플의 시리, 아마존의 알렉사, 구글의 어시스턴트, MS의 인공지능 비서 코타나가 대표적이다. IBM의 왓슨은 막강한 빅데이터를 통해 의사보다 더 합리적인 의료 서비스를 시행하고 있다.

강인공지능은 인간과 같은 지각 능력을 가지고 모든 업무를 처리한다. 영화 「에이아이A.I」의 서니와 같이 자의식을 지니고 있다.

초인공지능은 모든 영역에서 인간을 초월한 슈퍼 인공지능을 말한다. 터미네이터의 스카이넷이 바로 그것이다. 스카이넷은 원래 인간이 필요에 의해 만든 인공지능이다. 지속적인 딥러닝으로 인간을 뛰어넘는 성능을 갖추게 되면서 결국 인간을 위협하고 있다.

지금은 인공지능 시대가 열리면서 인간과의 공존이 또 다른 문제로 떠오르고 있다. 초인공지능인 스카이넷의 지배를 받지 않으면서 인류를 위해 적극 활용할 수 있는 방안에 대해 깊이 고민해야 할 것이다.

디지털 경제 법칙,
위키노믹스

해 질 녘이면 반경 30킬로미터 이상 떨어진 곳에서 날아온 수많은 찌르레기 무리가 카드섹션을 하듯 군무를 추며 장관을 연출한다. 이때 매와 같은 포식자가 나타나면 집단으로 공격해서 멀리 쫓아버린다. 찌르레기가 무리를 이루는 것은 밤새 추위를 이겨내는 방법이기도 하다.

찌르레기는 특정한 한 마리가 리더십을 발휘하는 것이 아니라 협업적이고 집단적인 리더십이 존재한다. 찌르레기 무리가 군무를 출 때는 절대 서로 부딪히지 않는다. 이와 같은 찌르레기의 군무는 디지털 시대 인간의 생존방식을 보여준다.

『위키노믹스』에서 돈 탭스콧은 디지털 시대에서 기업의 협업을 강조하고 있다. 위키노믹스Wikinomics는 네티즌 스스로 만들어가는 온라인 백과사전 위키피디아Wikipedia의 경제법칙을 의미하는 용어이다. 기업이 독점했던 정보를 공개하고 아이디어를 활용하는 '협업경제'를 말한다.

'에어비앤비'와 '우버택시'는 협업경제의 대표 기업이다. 2008년, 호텔을 한 채도 가지지 않은 에어비앤비Air b&b가 숙박업을 시작해서 대성공을 거뒀다. 그 시작은 아주 미미했다. 체스키와 게비아가 샌프란시스코 디자인 컨퍼런스에 참여한 사람들의 숙소가 부족하자, 자신들이 사는 집 거실에 매트리스 3개를 놓고 잠자리를 제공하면서 숙박사업 아이디어로 발전하게 되었다. 에어비앤비는 지금 세계 최대의 숙박 공유 플랫폼 기업이 되었다. 우버 역시 택시를 단 한 대도 소유하지 않고 승객과 운전기사를 서로 연결해주는 것만으로 최대의 택시 서비스기업이 되었다.

또한 협업을 통하여 만들어진 대표적인 집단지성은 소셜미디어이다. 페이스북이나 인스타그램처럼 개인이 네트워

크 안에 개별적으로 존재하고, 그 개인들이 상호 의존적인 관계로 모인다. 그들은 공통적인 문제를 나누거나, 의견을 제시하거나, 어떠한 문제를 해결하기 위해 지속적인 관계를 맺는다. 전문가와 비전문가, 학계와 연구자, 산업계와 전문가들이 교류하면서 합일점을 찾고 강한 순환의 고리를 만들어간다. 이질적이고 분리되어 무관한 분야라 할지라도 공통적인 연결고리와 소통의 길을 확보하는 데 참가하는 것이다.

디지털 시대에는 무엇보다도 중요한 것이 '공존'이다. 서로 다른 기술들이 모여서 훨씬 더 훌륭하고, 흥미롭고, 매력적인 제품이 만들어진다. 인공지능시대 사회의 구조는 중대한 전환점을 가져왔다. 과거의 모델과 접근 방법으로는 구조적인 마비, 혹은 완전 붕괴에 맞닥뜨리게 된다.

디지털 시대에는 당면한 과제와 문제를 해결하기 위해 인재와 기술, 지식을 하나로 집결시킬 수 있는 강력한 플랫폼들을 필요로 한다. 개인과 개인, 조직과 조직, 국가와 국가 간의 아이디어와 열정, 그리고 창의성을 어떻게 모으고 활용하는가에 따라 미래의 모습이 달라진다. 기술을 통해 혁신이 이루어지는 시대는 지났다. 이제 소통과 연결, 협업을 통해 광범위한 사회적 혁신이 이루어지는 시대가 되었다.

메모지에서 앱으로,
도구의 진화

클로드 브리스톰은 『신념의 마력The Magic of Belie-
ving』에서 자신이 성취하고자 하는 것을 메모해서 책상이나 침대,
그리고 수첩에 적어서 늘 보이는 곳에 붙여두라고 한다. 그러다
보면 에너지가 집중되어 스스로 행동하게 된다는 것이다. 메모는
아이디어를 붙잡는 방법이자 집중하는 힘이다.

스마트폰이 등장하면서 사람들이 메모하는 형태도 변화되었
다. 이제 종이에 쓰는 시대에서 벗어나 메모앱에서 바로 입력하
고 확인할 수 있다. 심지어 함께 메모하고 수정하는 협업 메모
도 가능한 세상이 되었다. 그러면 비교적 많이 사용하는 생활 속

에서 유용한 메모앱들을
살펴보자.

구글 캘린더

구글 캘린더는 일정
이나 할 일을 적고 검색
을 통해 내용을 쉽게 찾을 수 있다. 구글 킵Goolge Keep(https://keep.
google.com/)은 순식간에 떠오른 아이디어, 사진, 링크, 오디오
녹음 등을 작성하거나 공유하고, 협업으로 편집하는 기능이 포
함되어 있다. 또한 라벨을 만들거나 묶어서 책으로 만들 수도 있
다. 그리고 구글의 드라이브에서 구글 킵을 불러와 협업하기에
도 더없이 좋은 도구이다.

패들렛

패들렛Padlet(padlet.com)은 담벼락을 만든 뒤 여러 명이 함께
이미지, 링크, 워드문서, 동영상 등의 자료들을 올려서 웹과 모
바일에서 함께 볼 수 있다. 자료를 자유롭게 배열할 수 있으며,
무엇보다 로그인 없이 페이지에 접근할 수 있다. 만14세 이하의
어린이와 청소년도 가입이나 로그인 없이 활용 가능하다.

에버노트

에버노트EVERNOTE(evernote.com)는 PC, 태블릿, 스마트폰에서 기록하고 저장 및 공유할 수 있는 서비스이다. 워드파일, PPT파일, PDF, 사진, 음성 메모 등 다양한 형태의 정보를 저장하고, 체계적으로 정리하거나 검색할 수 있다. 기기 간의 동기화로 인해 어떠한 디바이스로 접근해도 자료를 사용할 수 있다. 자신의 PC 폴더에 에버노트에 저장된 파일이 자동으로 추가되고, 기록된 문서를 공유하는 데도 효율적이다.

원노트

마이크로소프트의 원노트OneNote는 스크린샷을 클립하거나, 클립된 문서를 이미지, PDF, 일반 문서 등으로 저장할 수 있다. 촬영한 사진과 이미지 속에 텍스트가 있을 경우 이미지에서 텍스트파일로 변환하는 OCR 기능이 있다. 마이크로소프트의 서비스와 기기를 선호할 경우 호환성이 뛰어나다. 원노트는 엑셀 스프레드시트와 같은 문서 자체를 원노트에 삽입할 수 있다. 마이크로소프트의 MS 렌즈lens 앱으로 프레젠테이션을 하는 도중에 스크린의 문서 프레임 사진을 찍고, 이것을 원드라이브에 넣어서 다시 OCR 기능을 이용하여 워드 텍스트 파일로 변환이 가능하다.

　그 외에 구글드라이브의 구글오피스에서 구글문서, 구글프레
젠테이션, 구글스프레이드시트를 이용해 협업으로 만들거나 다
양한 문서를 만들어 공유할 수 있다.

　MS는 Office 365를 통해 교육용 MS오피스 무료 온라인 도
구를 통해 자료를 모으고 대화하며, 협업으로 문서를 만들 수 있
다. 프레지PREZI 또한 온라인상에서 공동 편집을 진행해 나갈 수
있다.

　초등학교에서 많이 사용하는 협업 도구는 마인드맵이다. 오
케이마인드맵OKmindmap(www.okmindmap.com)은 아이디어나 메
모를 물고기 모양의 마인드맵, 나뭇가지형 마인드맵 등으로 만
들 수 있다. 이 마인드맵은 온라인과 모바일에 상관없이 모든 기

기에서 그룹 전체가 동시에 작업 가능하다. 이것으로 만든 콘텐츠를 버튼 하나로 PPT로 바꿀 수 있기 때문에 모둠별 혹은 파일별 발표 자료를 하기에 더없이 효율적이다.

여러 사람이 생각을 모으고 공유하고 함께 만들어나갈 때 더욱 발전된 아이디어가 나온다. 미래는 이러한 연결의 시대이다. 기기 간의 연결도 중요하지만 사람의 아이디어를 서로 연결함으로써 새롭고 위대한 것을 창조할 수 있다. 시대의 화두라고 할 수 있는 사물 인터넷Internet of Things의 바탕이 바로 연결이다. 자율주행자동차, 가정용품, 스마트 워치 등은 사물과 사물이 연결되듯이 사람들의 생각을 연결할 수 있는 도구를 통해 더욱 많은 것들을 해낼 수 있다.

페이스북 심리학

기숙사 동창회 명부로 시작해 지금은 가장 대표적인 SNS로 자리 잡은 페이스북은 2017년 2월 1일을 기해 월 사용자가 18억 9천 명에 이르렀다. 세계 인구(75억 명)의 4분의 1이 페이스북을 이용하는 것이다. 하지만 SNS 활동에 따른 부작용도 그만큼 많이 늘어나고 있다. 미국 소아과 의사 그웬 오키프는 "10대들은 페이스북 친구들의 행복해 보이는 사진들을 보면서 자신은 상대적으로 행복하지 않고, 자신은 기준 미달이라는 생각에 괴로워할 가능성이 있다"며 우려를 표명했다.

많은 사람이 즐겨하는 페이스북의 강점은 무엇일까? 빠른 접근, 사진 바로 올려서 느낌 나누기, 페이스북 친구들과 생각, 일상 공유하기 등 연결과 소통 그리고 정보 습득이다. 페이스북에는 글, 사진, 관심사, 생각들이 끊임없이 올라온다. 하지만 독일 베를린 대학교 한병철 교수는 이러한 '투명사회'가 사실은 '통제사회'와 같다고 말한다. 페이스북이라는 공간에 자신의 모든 것을 노출하고 거기에서 빠져나오지 못한다는 것이다. 『페이스북 심리학』에서 '수재나 E. 플로레스' 박사는 현장에서 맞닥뜨리는 페이스북 중독 증상을 아홉 가지로 분류했다.

첫째, 강박관념으로 이미 일어난 일이든, 앞으로 일어날 일이든, 환상이든, 페이스북에서 겪은 일을 자주 생각한다.

둘째, 모든 중독의 내성이 그러하듯, 같은 정도의 즐거움이나 '흥분'을 얻기 위해서 점점 더 많은 시간을 페이스북에 할애한다. 페이스북의 포스팅과 댓글을 수시로 확인한다.

셋째, 자신의 포스팅에 지나치게 집착하면서 페이스북 친구들의 응답이나 반응을 원한다. 그러면서 상대에게 응답이나 반응을 원할 때 내가 먼저 손을 내밀고 그런 제스처를 취하기도 한다.

넷째, 누군가가 문제를 제기하는데도 불구하고 페이스북이나 소셜미디어에서 너무 많은 시간을 보낸다. 혹은 관계가 깨질 수 있음에도 미심쩍은 페이스북친구를 맺는다.

다섯째, 기회 상실이다. 가정, 직장, 학교 일들에 충분히 집중할 수 없을 정도로 페이스북에서 시간을 보낸다. 심지어 이러한 것들을 잃을 위험에 처해 있어도 그렇다.

여섯째, 거짓말이다. 실제로 페이스북을 하는 시간의 양에 대해 친구, 가족, 심리치료사, 동료에게 거짓말을 하거나 줄여서 말한다. 직접 만났거나 혹은 한 번도 만나지 못한 사람들이 페이스북 친구인 펫친이 되어 읽어 봤을 때 당황스럽다.

일곱째, 통제력 상실이다. 페이스북에서 보내는 시간을 줄이려 해보지만 실패하거나 계정을 비활성화할 수 없다. 페이스북을 한 번 열기 시작하면 끊임없이 확인하러 들어와야 하는 유혹을 떨쳐 버릴 수 없다.

여덟째, 도피나 기분 전환을 하기 위해 혹은 문제를 회피하려고 페이스북과 다른 소셜미디어에서 시간을 보낸다.

아홉째, 금단 증세이다. 중독 정도가 심해져서 페이스북을 안 하거나 이용시간을 줄이려 할 때 짜증이 나고 불안하다.

출처: 『페이스북 심리학』

또한 페이스북을 하면서 힘들게 맺은 친구 관계를 끊을 수밖에 없는 상황에 직면하기도 하는데, 그 이유도 플로레스 박사는 아홉 가지로 꼽았다.

첫째, 지나치게 많은 개인 정보를 공개하는 부적절한 포스팅이다. 긍정적인 개인 정보도 좋지만 상업적이거나 부정적인 내용 때문에 친구를 끊게 된다.

둘째, 정치적 혹은 종교적 동맹을 강요한다. 정치적 신념이 맞지 않거나 나와 다른 종교를 가지고 있는데 계속해서 자신의 종교 이야기를 하면 친구가 끊어지게 되는 이유가 된다.

셋째, 설득력이 부족하거나 하소연하듯 글을 쓴다.

넷째, 지나친 자기 비하를 하거나 동료나 지인들과 이야기하지 않는다.

다섯째, 나 혼자 착한 척하는 것이다.

여섯째, 밥 먹듯 셀카 사진을 올리는 것이다. 처음에는 신선하고 뭔가가 있어 보이지만 그 수위가 지나치면 곤란하다.

일곱째, 수다 대마왕이다. 지나친 신상이나 뒷담화, 불평과 불만에 대한 것은 자신의 편이 되어준 펫친에게 또 다른 스트레스로 작용할 수 있다.

여덟째, 날마다 인용구 날리기이다. 너무 좋은 이야기를 똑같은 패턴으로 매일 읽는 것은 정말 지루할 수 있다.

아홉째, 무의미한 업데이트이다. 무의미한 내용의 포스팅이 자꾸 올라오면 읽기가 싫어진다.

출처: 『페이스북 심리학』

카네기 멜런 대학CMU 연구팀에 의하면, 페이스북을 통해 느끼는 행복은 아이를 갖는 것에 버금간다고 한다. CMU에서 상호작용 분야의 박사학위를 받고 페이스북에서 근무하는 모이라 버키는 "많은 시간을 들여 만드는 것을 이야기하는 것이 아니다. 한두 문장 정도의 댓글에서 이런 감정을 내는 것이다. 여기서 가장 중요한 것은 가까운 친구 같은 누군가가 내게 관심과 시간을 쏟았다는 사실이다. 댓글을 받는 사람은 자신의 인생에서 중요한 인간관계를 떠올린다"라고 했다.

이 연구팀은 또한 행복한 감정을 얻는 최적의 댓글 숫자도 밝혀냈다. 가까운 사람에게 한 달에 60개의 댓글을 받으면, 인생의 가장 중요한 사건과 같은 행복한 감정을 느끼는 것으로 나타났다. 여기서 중요한 사건이란 결혼, 주택 구입, 임신과 같은 것을 의미한다. 하지만 이러한 결과는 휴스턴 대학교 연구팀의 페이스북 사용 결과와 상반되는 면이 있다. 그에 따르면 페이스북의 잦은 사용은 우울증, 질투, 자신감 부족 등으로 이어질 수 있다고 했다. 페이스북에 올라온 다른 사람들의 삶과 자신의 삶을 비교하기 때문이라는 것이다. 이에 CMU의 HCII Human-Computer Interaction Institute 담당 교수 로버트 크라우트는 이를 '닭과 달걀'의 논쟁에 비유했다. 그는 "소셜미디어를 사용하는 사람들이 현재 불행할까, 혹은 소셜미디어는 행복에 영향을 줄까와 같은 질문에 해답을 찾는 것은 여전히 진행 중이다"라고 말했다.

페이스북을 대표하는 것은 '좋아요' 버튼이다. 이는 '공감'이라는 연결로 단절된 세상에서 자신을 찾는 것이다. 웬슬리 대학교 스톤센터의 관계문화 이론가 진 베이커 밀러와 아이린 스타이버는 "우리가 보기에 인간이 경험할 수 있는 가장 무섭고 파괴적인 감정은 정신적 고립이다. 고립감은 혼자 있는 것이 아닌 다른 사람과 이어질 가능성의 박탈이며, 상황을 변화시킬 힘도 없는 것이다"라고 말했다.

페이스북이 수많은 문제점과 사회적 폐해를 낳기도 하지만, 연결과 소통, 그리고 변화를 위한 디지털 시대의 가장 강력한 도구임은 틀림없다.

페이스북은 국경이 없는 거대한 국가 혹은 공동체이다. 여기에서 무엇이 일어나고 있는가를 안다는 것은, 지금의 시대를 살거나 앞으로 어떻게 살아야 하는가의 질문과 답이다.

보이스 전쟁,
인공지능 비서

"시리야, 오늘 날씨 어때?"

"시리야, 우리 집에 전화 걸어줘."

아침에 일어나면 애플의 인공지능 시리에게 날씨를 묻는다. 애플은 지난 2011년에 시리를 자사의 플랫폼에 탑재했는데 영어뿐만 아니라 한국어 경상도 사투리까지 알아듣고 인식한다.

아마존의 알렉사는 음성 택시 예약, 번역, 피자 주문 등 수천 가지의 기능을 수행하며 음성 인공지능의 생태계를 확장하고 있다. 또한 알람, 날씨, 주요 뉴스 브리핑, 게임 결과, 세계의 정세까지 알려주고 사전 기능과 시사 이슈에도 강하다. 홈오토메이션도 가능해서 전등 스위치를 켜거나 문을 열고 닫을 수 있다. 그리고 음성 인식기능으로 시간 묻기, 쇼핑, 리스트 적기, 메시지 보내고 받기, 날씨 묻기, 길 찾기, 타이머 맞추기, 스케줄 예약하기, 인터넷 검색, 음악 듣기 등을 할 수 있다. 이것은 자동차, 냉장고, 보안 장치, 조명, 스마트 플러그, TV, 로봇인형에까지 활용된다. 마이크로소프트의 인공지능 소프트웨어 코타나는 음성으로 글을 작성하거나 편집하는 등 비즈니스 업무를 처리하기도 한다.

네이버는 라인의 인공지능 스피커 '웨이브'를 일본에서 먼저 출시했는데 예약 판매를 시작한 지 5일 만에 완판되었다. 한국에서는 1년 동안 네이버 뮤직 이용권을 구매하는 조건으로 테스트용 웨이브를 판매했는데 35분 만에 완판되었다. 웨이브는 일정 관리, 음악 재생, 알람 설정, 기기 위치 정보 파악, 호출명 변경, 리모컨 설정, 단축 버튼 설정 항목 등을 지원한다.

시계 메이커 카시오가 일본에서 출시한 인공지능 영어 학습기 '레슨 팟'은 어른 주먹보다 조금 큰 기기로  머리를 쓰다듬으면 말을 한다. 몸체가 흰색인데 계란 모양의 타원형 상단에 불이 들어온다. 알아듣지 못했을 때는 다시 이야기해 달라고 한다. 목소리는 기계음이 아

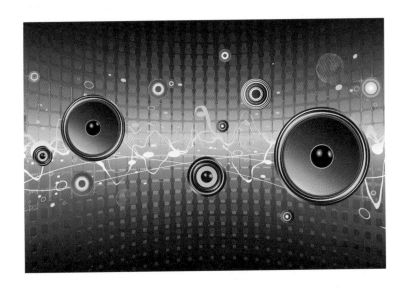

니라 애니메이션에 나오는 성우에 가깝다. 문법, 어휘학습, 회화학습으로 나눠 교재와 함께 판매한다. 카시오는 스마트폰이 출시되면서 주력 상품이던 전자사전이 사양길로 접어들자 어학학습 콘텐츠를 인공지능과 결합한 상품을 출시해 성공을 거둔 것이다.

최근 소니는 자회사의 PC 사업 부분을 매각하고 TV 사업을 분사하며, 전 세계의 1만 6천 명의 사원을 감원했다. 이는 성장 가능한 사업, 즉 고속으로 성장하는 카메라, 스마트 기기에 들어가는 이미지 센서 사업, 게임, 영화, 음악 등에 주력하기 위해서였다. 이후 이미지 센서 사업으로 소니는 화려한 부활을 알리면서 흑자로 돌아섰다. 이지미 센서는 사물인터넷IoT과 스마트폰에 필수적인 요소이다.

자동차 못지않게 오디오에 애착을 가졌던 이건희 회장은 일본의 오디오 메이커 럭스만을 인수했다. 그리고 하이엔드 오디오 사업에 도전장을 낸 뒤 하만도 인수했다. 하만이 두각을 나타내는 분야는 카오디오이다. 하만은 카오디오용 하이엔드 업체인 B&W, B&O를 인수해 JBL, AKG 등의 수준급 브랜드를 소유하고 있다. 하만은 카오디오만 생산하는 것이 아니라 인포테인먼트, 즉 내비게이션과 오디오 시스템, 텔레매틱스까지 통합된 시스템을 납품하는 완성 부품 업체이다. 단순히 홈오디오나 일반적인 오디오가 아니라 인공지능과 무인 자동차에까지 연관된다. IT업체 삼성전자가 오디오 회사를 인수한 이유를 다시 생각해 볼 필요가 있다.

현재 출시되는 자율주행 자동차는 시동과 주행 등 모든 것을 터치가 아닌 음성으로 수행하고 있다. 이때 필수적으로 필요한 것이 바로 스피커이다. 삼성전기는 자율주행에 필수적인 카메라 모듈 기술을 가지고 있다. 소니처럼 이미지 센서에 주력해 차량용 인포테인먼트 시스템과 오디오를 결합한 솔루션을 보유하면 얼마든지 자율주행 자동차를 생산할 수 있게 된다.

앞으로는 VR(가상현실)과 AR(증강현실) 시장이 넓어질 것이다.

아이폰X에 탑재된 애니모지Ani Moji는 얼굴에 핸드폰을 갖다 대면 3D 이모티콘이 만들어진다. 원숭이, 강아지, 로봇 등 좋아하는 2D의 이모티콘에 자신의 표정을 결합해 움직이는 이모티콘을 만드는 것이다. 이 맞춤형 감정 표현 3D 이모티콘 역시 센서로 작동된다. 이처럼 이미지 센서와 함께 오디오 시장은 폭발적으로 늘어날 것이다. 과거 음악만을 듣던 오디오에서 이제는 마음을 주고받는 스피커로 진화했다. 또한 요즘은 치유의 주파수에 대한 연구도 활발하게 진행되고 있다. 영화「허Her」의 사만다처럼 기계가 매력적인 음악과 음성으로 사람들의 마음을 사로잡는다.

다양한 사물들이 모두 통신으로 연결되어 있는 초연결사회, 이제 손으로 켜거나 문자를 입력해서 조작하는 시대가 아니다. 음성으로 혹은 제스처로 인식하여 사물과 커뮤니케이션하는 시대에 와 있다.

애플과
에르메스가 만나다

　프랑스 학자 바넘은 낡은 실내복을 버리고 새 실
내복을 입을 때, 거기에 어울리는 책상과 벽걸이 장식까지 모든
것을 바꿨다. 문화적 일관성을 유지하기 위해서이다. 새로운 물
건이 생기면 주위의 다른 물건도 그것과 어울리기를 원하는 것
을 '디드로 효과Diderot Effect'라고 한다.

　이 디드로 효과를 최대한 이용한 것이 바로 애플의 제품들이
다. 아이맥, 아이폰, 와이파이로 연결하는 장치인 Airport Ex-
press 등 애플 계열의 기기들을 사용하다 보면 다른 기기들을
사용할 수 없는 애플 예찬론자가 되어버린다. 심플한 미니멀리

즘 디자인 제품이 출시되면서 주변의 관련 기기들까지 그에 어울리는 단순한 디자인을 선호하게 되는 것이다. 애플 핸드폰과 애플 워치는 기기 간 호환성이 우수하다. 양복을 사면 양복에 어울리는 구두가 필요하듯 그것과 맞는 제품을 구입하게 된다.

또한 디드로 효과로 휴대폰과 더불어 부상한 것이 블루투스 기능이다. 와이파이와 더불어 사물인터넷IoT의 기본 기능인 블루투스를 충분히 살려 창의적 도구로 만들어낸 예는 다양하다. 가장 대표적인 것이 휴대폰과 스피커의 결합이다. 휴대폰의 이동성에 걸맞게 무선 스피커가 자연스럽게 떠오른 것이다. 처음에는 저렴한 소형 제품군으로 시작된 블루투스 스피커는 점차 소

니, 파이오니아, 야마하, 보스, 뱅앤올롭슨 등 명품 메이커로 확대되었다.

블루투스Bluetooth는 1994년 세계적인 통신기기 제조회사인 스웨덴 에릭슨이 최초로 개발해 근거리 무선 통신을 위한 산업표준이 되었다. 블루투스라는 이름은 10세기 덴마크와 노르웨이의 국왕 하랄드 블라톤의 이름에서 따온 것이다. 하랄드 블라톤의 영어식 이름은 해럴드 블루투스Harald Bluetooth이다. 인텔의 개발자 짐 카다크Jim Kardach는 하랄드 블라톤이 스칸디나비아를 통일한 것처럼 무선 통신도 블루투스로 통일하자는 의미에서 이 이름을 제안했다.

기존 제품의 부가가치를 더 높게 만드는 마케팅 전략이 있다. '옛것을 배워서 새롭게 한다'는 '온고이지신溫故而知新'과 같은 맥락이라 할 수 있다. 애플은 스마트 워치를 출시하면서 패션 및 액세서리 명품 브랜드 에르메스와 공동으로 시계를 출시했다. 애플워치 에르메스는 트렌드를 선도하는 두 아이콘의 만남으로 첫 발매 당시부터 큰 관심을 모았다. 이 제품은 에르메스의 디자인을 적용하면서 성능은 같은데도 3배 이상 높은 가격이 매겨졌다. 가격이 높을수록 잘 팔리는 효과를 베브런 효과라고 한다.

질과 양으로 승부하던 시대에서 감정 소비의 시대로 이동한 것
이다.

디드로 효과나 베브런 효과는 과소비를 조장하거나 쓸모없는
것을 내다버리는 것이 아니라 새로운 것을 받아들여 시장을 더
욱 확대하는 전략이다. 미래에는 새로운 것을 배척하기보다는
기꺼이 받아들여 더욱 창의적인 시장을 만들어내는 사람들이
살아남는다.

블랙 스완이
몰려온다

'블랙 스완'은 나심 니콜라스 탈레브Nassim Nicholas Taleb의 책『블랙 스완The Black Swan』에서 처음 언급되었다. 이 용어는 결코 일어나지 않을 법한 예외적인 사건으로 엄청난 파급효과가 일어나는 것을 뜻한다. 유럽인들은 검은색 고니(백조)가 발견되기까지 모든 고니는 흰색이라고 생각했던 데서 유래한 용어이다. 즉 도저히 불가능하게 여겨졌던 일이 실제로 일어나는 상황을 뜻한다. 경제 분야에서는 2008년 글로벌 금융위기와 구글의 성공이 대표적인 블랙 스완의 예이다.

지금은 과거의 이론이나 경험으로는 예측할 수 없는, 그야말

로 블랙 스완의 시대에 접어들었다. 하루가 멀다 하고 새로운 정보로 바뀌고, 어제 맞다고 생각했던 것이 오늘은 틀릴 수 있다. 따라서 오늘의 정보를 가장 빨리 접하고 다양하게 받아들일 수 있는 역량이 무엇보다 필요하다. 이러한 정보의 접근은 다양한 미디어를 통해 이루어지는 만큼 디지털 기기들을 능숙하게 다루고 거기에서 생산되는 정보를 제대로 해석하고 응용하는 능력이 필요하다.

　대학에서 배운 지식으로 평생을 먹고사는 시대는 끝났다. 현재의 역량에 더해 새로운 역량을 개발해서 한층 업그레이드해야 한다. 새로 개발된 역량을 학습해서 업그레이드해야 한다. 핵심적인 역량들은 개별적으로 쌓아갈 수 없다. 독립적인 것이 아니라 상호보완적으로 맞물려 있기 때문이다.

　새로운 시대에는 새로운 능력과 접근법이 필요하다. 창의적이고 혁신적인 생각을 끊임없이 해야 하는 이유는, 인공지능시대에는 기계와 경쟁을 해야 하기 때문이다. 온 세상이 연결되어 있는 시대에 소통을 원활하게 할 수 있는 개방적 마인드, 내가 가지지 못한 부분을 빌리거나 내가 가진 능력을 보탤 수 있는 협력 능력, 기계나 인공지능이 판단 착오를 일으키지 않기 위해 인간은 보다 더 인간을 걱정하고 인간을 위하는 합리적이고 도적적인 자질이 요구된다.

미래사회를
들여다보다

인생의 계획서를
멈추지 마라

100달러 지폐에 등장하는 벤저민 플랭클린은 미국의 독립에 가장 큰 영향을 끼친 인물로 미국의 아버지로 불리는 인물이다. 그는 비누와 양초를 만드는 집안에서 태어나 열네 살 때 학교를 그만두고 인쇄소에서 일을 배웠다. 학교에 다니지는 않았지만 플랭클린은 해야 할 일을 연, 월, 일 단위로 계획하고 실행하며, 자금의 운용 계획, 수입과 지출의 명세서를 체계적으로 기록하고 관리했다. 그러한 플랭클린 다이어리는 오늘날 플래너의 대명사로 불린다.

경영학의 대부 피터 드러커는 자기 경영은 시간 관리에 달려 있다고 말한다. 시간 관리를 통해 가치를 찾고 만들어낼 수 있다고 주장하며 자기만의 시간 사용 노하우를 연구하고 개발했다. 투자의 귀재 워런 버핏 또한 여든두 살에 자신의 꿈과 희망은 다시 30년 일할 계획을 세우는 것이라고 했다. 죽을 때까지 인생 계획을 세우는 일을 멈추지 않겠다는 의미이다.

타임지가 세계에서 가장 영향력 있는 100인 중 하나로 꼽은 말콤 글래드웰은 『아웃라이어』에서 1만 시간의 법칙을 언급하며, 어떤 것이든 한 분야에서 뛰어난 전문가가 되려면 적어도 1만 시간 이상을 투자해야 한다고 말한다. 그리고 하버드 대학교의 윌리엄 제임스는 "생각이 바뀌면 행동이 바뀌고, 행동이 바뀌면 습관이 바뀌고, 습관이 바뀌면 인격이 바뀌고, 인격이 바뀌면 운명이 바뀐다"고 이야기한다.

하나의 분야에서 1만 시간을 꾸준히 투자하고, 인생을 바꿀 만큼 좋은 습관을 길들이는 데 무엇보다 중요한 것이 바로 시간 관리, 일정 관리이다.

일주일 동안 300쪽 분량의 책 한 권을 읽겠다는 계획을 세운다고 해보자. 그렇다면 하루에 43쪽씩 나누어서 꾸준히 읽는 것이 좋고, 하루 중 책 읽는 시간도 지정해 두면 좋다. 그러기 위해서는 하루 24시간의 계획이 세워져야 한다. 막연하게 일주일에 책 한 권을 읽겠다고 생각하기보다 구체적인 계획을 세웠을 때

실현 가능성이 높다. 이처럼 계획에 맞춰서 실행하다 보면 어느 새 책 읽는 습관으로 자리가 잡힐 것이다.

이 같은 스케줄을 관리할 수 있는 다양한 앱과 도구들이 있다. 구글 캘린더는 모든 스마트 기기에서 스케줄을 관리할 수 있고 동기화를 통해 언제든지 편집, 공유할 수 있다. 이에 반해 종이로 만든 플래너는 비용, 실질적 가독성, 유지 보수 측면에서 유리하다. DIY 플래너 시스템은 개인이 취향대로 고를 수 있는 방대한 PDF 템플릿을 제공한다.

10년의 목표를 1년 단위로, 1년을 1개월 단위로, 1개월을 1주일 단위로, 1주일을 하루 단위로, 하루 단위를 시간별 단위로 끊어서 계획을 세우면 우리가 실행하지 못한 것들을 이룰 수 있다. 그러기 위해선 이것들을 가장 눈에 잘 보이는 곳에 두고 체크리스트를 만들어 점검해야 한다. 점검을 하지 않으면 스스로 실행한 것인지 아닌지도 모를 수 있다. 내일의 걱정 그리고 어제의 걱정으로부터 해방할 수 있는 가장 빠른 길을 찾아 목표를 세우고 계획을 짜서 시간별로 실행해 나가는 것을 스스로 보게 하는 것이다. 계획표대로 해나가다 보면 어느 순간 자신의 변화된 모습을 보게 될 것이다. 이것이야말로 운명을 바꿀 수 있는 첫걸음이다.

ME세대와
함께 살아가는 법

2000년 도쿄 어느 고등학교를 방문해 세계사 수업에 참관할 때였다. 머리를 노랗게 염색한 남녀 학생들이 수업 중에 잡담을 하자 교사가 주의를 주었다. 하지만 학생들은 교사의 말을 듣지 않았다. 15년이 지난 지금 우리나라에서도 학생들이 수업 중에 교실 안을 마음대로 돌아다니거나 교사의 허락도 없이 밖으로 나가 버리기도 한다. 핵가족과 맞벌이 부부, 입시 위주의 학교 시스템에 대한 우려를 담은 우치다 타츠루 교수의 『하류류지향』이 출간된 지 10년이 지난 지금, 일본과 비슷한 현상이 우리나라에서도 일어나기 시작했다.

시사 주간지 「타임Time」은 커버
스토리(2013년 5월)로 '미 미 미 제
너레이션Me Me Me Generation'을 통해
오늘날 세대의 특징을 다루면서 밀레니얼 세대의 부모는 자식
들에게 "너는 특별하다. 꿈꾸면 뭐든지 다 될 수 있다"라고 자존
감을 세워주면서 자녀들을 키웠다는 것이다.

골드만 삭스는 노동력을 기준으로 세대를 4세대를 구분한다.
제2차세계대전 시기의 전통세대, 전후의 베이비붐 세대, 걷잡을
수 없는 X세대, 그리고 2000년 이후의 세대를 Y세대 혹은 ME
세대로 부른다.

1928~1945년에 태어난 전통세대(Tradtionalists) 가장 충성
적인 집단으로 30년 이상을 한 회사에만 매달려 인생을 보낸다.
지시 내리기를 좋아하고 변화에 저항하는 경향이 있으며 규율
의식이 강하다.

1945~1964년에 태어난 베이비붐 세대(Baby Boomers) 폭
넓은 지식을 갖추고 직업이나 직함으로 자신을 증명함으로써
일중독 성향을 가진다. 젊어서 고생은 사서도 한다는 생각으로
귀중한 경험을 터득하고자 노력했다. 우리나라의 경우 1955년

부터 1963년 사이에 태어나 정치적·사회적 격동기를 거침과 동시에 고도의 경제성장과 함께 물질적 풍요를 누렸다. 낙천적이며 경쟁력은 있지만 변화를 수용하는 폭은 좁다.

1965~1980년에 태어난 X세대　캐나다 작가 더글러스 코플랜드가 1991년 발표한 소설 제목이 바로 『X세대』이다. 'X'가 '정의할 수 없음'을 나타내듯이 이전 세대의 가치관과 문화를 거부하는 이질적인 집단이라는 뜻으로 붙여진 이름이다. X세대는 독립적이며 자기 방식대로 일을 처리하는 데 익숙하다. 독립을 하거나 새로운 기회를 포착하는 것을 두려워하지 않는 X세대 중에는 직장 생활을 하다 기업가로 변신하는 사람들이 많다.

1981~2000년에 태어난 밀레니얼 세대(Millennials)　공동체, 가족, 자식에게 관심을 쏟은 세대이다. 밀레니얼 세대는 Y세대, ME세대, 에코 부머라고도 불린다. 자동차 뒤에 노란 다이아몬드 모양으로 '아기가 타고 있어요'라는 표시를 달고 다닌다. '세상에서 가장 소중하고 특별한 내 아이가 타고 있으니 저만치 떨어지세요'라는 의미다. 밀레니얼 세대는 자신이 가장 특별하고 소중한 존재라고 생각한다. 레이디 가가가 밀레니얼 송가로 발표한 「이렇게 태어났다Born This Way」는 저마다 특별하고 아름다우며 완벽한 존재로 태어났다는 것을 엄마가 이야기하는 내용이다. 아이의 자존감을 높이기 위해 끊임없는 칭찬과 보상이 최

선의 방법이라는 것을 믿는다고 해서 '트로피 세대'라고 불리기
도 한다. 이 세대는 자기중심적이며 자신은 다른 사람보다 훨씬
특별하다고 생각한다.

2013년 미국의 일간지 「U. S. A. Today」는 ME세대의 문제
점을 실었다. ME세대는 채용 면접 중에 전화를 받는다거나, 애
완 고양이를 면접장에 데리고 오거나, 심지어 부모와 같이 면접
을 보러 오기도 하며, 비속어를 사용하고 부적절한 옷을 입고 괴
짜 행동을 보이기도 한다는 것이다. ME세대는 부모로부터 "네
가 하는 것은 완벽해", "네가 좋아하는 것은 무엇이든 하렴"이라
는 말을 듣고 자란 가장 자존감이 높은 세대이다.

골드만 삭스는 자신이 하고 싶지 않은 일이거나 조건이 맞지
않으면 쉽게 그만두는 ME세대를 채용하면서 그들의 특성을 고
려했다. 처음부터 종신제 계약을 맺고, 뭔가에 몰두하는 것을 좋
아하고, 휴식을 즐기며, 자신이 원하는 일이어야만 열심히 매달
리는 그들에게 중요한 프로젝트를 맡기거나 무제한 유급유가를
제시함으로써 의욕을 북돋웠다. 그러자 퇴사하는 사람의 수가
50%로 줄었다.

2012년 MTV 조사에 따르면, 19~28세의 젊은이들 절반 이
상이 싫어하는 일을 하느니 일을 하지 않는다고 대답했다. ME

세대는 집이나 커피숍에서 일하는 것을 좋아한다. 미국의 유통 회사 베스트바이는 ME세대의 특성을 고려해 사무실이 아닌 집에서 근무하는 방안을 도입하기도 했다.

18세기 연암 박지원은 중국 여행기 『열하일기』 「망양록」에서 사물의 변화와 발전에 대해 다음과 같이 이야기했다.

"오래되면 변화를 생각하고, 묵으면 새것을 생각하고, 극도에 도달하여 막히면 통할 것을 생각하는 것은 운에 있어서 하나의 즈음이 될 것이다."

여기서 '운'이란 운동, 변화, 발전의 필연성을 나타낸다. 또한 그는 "천지가 비록 오래되었다고 하나 부단히 생성 변화하며, 일월이 비록 오래되었다고 하나 그 빛이 날로 새로우며, 서적이 비록 많다고 해도 그 뜻이 서로 다르다"라고 했다.

물질세계는 영원히 변화한다. 자연, 풍속, 윤리, 문화적 모든 현상도 시간의 흐름에 따라 변화한다. 외향과 환경의 변화를 자연스럽게 받아들여야만 서로 다른 세대가 융합되어 살아갈 수 있는 것이다.

아이폰의 등장과
고용사회의 종말

　　사회 구성원의 절대 다수가 기업, 공공기관 등의
조직 구성원으로 일하는 고용사회는 100년 전 포드 자동차에서
시작되었다. 대량생산, 표준화, 분업화를 특징으로 하는 포디즘
을 미국 대부분의 기업이 채택하면서 노동자들이 대규모로 채
용된 것이다. 그러나 1970년대 대기업의 해고와 구조조정으로
인해 고용사회의 막을 내리기 시작했다. 이러한 원인을 로버트
라이시는 『슈퍼 자본주의』에서 3가지 요인을 꼽았다. 기술 발전,
신규 경쟁국의 진입, 그리고 거대 유통 자본이다. 신생 기업은
반도체, 인터넷, 광섬유, 전자기기 등 과거에 존재하지 않았던

신기술로 시장에 진입했다. 그리고 아시아 개발도상국 기업들은 풍부한 노동력을 바탕으로 자동차, 전자제품, 세탁기 등을 저렴한 가격으로 미국 시장에 쏟아냈다. 이에 미국 업체는 원가 절감에 나섰고, 많은 비중을 차지하는 급여를 낮추기 위해 구조조정을 해야 했다.

1980년대 미국의 택배회사 페덱스는 젊은 여직원이 전화로 택배 신청을 받은 후, 인터넷으로 택배 신청하는 신기술을 도입하면서 여직원들을 해고했다. 당시 우리나라는 유통되는 공산품의 62%가 독과점 제품이었기 때문에 고용이 안정될 수 있었다.

정부 주도의 대기업 정책으로 신규시장 진입이 사실상 불가능했다. 하지만 1997년 IMF 위기와 함께 한국의 고용사회는 한순간에 붕괴하기 시작했다. 그리고 이 시기에 이마트를 시작으로 대형 유통 할인점이 등장해 납품 단가를 요구하면서 제조업 전체의 기반이 흔들리게 되었다. 이후 제조업 시대를 마감하고 대기업이 주도하는 유통의 시대로 이동하게 되었다. 제조업의 붕괴로 정리해고와 파견 근로제가 합법화되면서 200만 명 이상의 실업자를 양산하면서 공식적인 고용사회가 종료되었다.

이처럼 역사적으로 신기술은 늘 노동과 고용의 변화를 가져왔다. 15세기 구텐베르크의 금속활자가 발명되면서 대량 인쇄가 가능하게 되자 필경사들은 모두 일자리를 잃고 비숙련 노동자의 길을 가야 했다. 그 전까지는 성경 한 권을 쓰고 받은 수입은 웬만한 농장을 하나 살 수 있는 정도였다. 1920년대 미국은 잡화점에서 모든 상품을 취급했다. 하지만 자동차가 대중화되면서 사람들은 가까운 잡화점 대신 다양한 제품을 더 많이 갖춘 대형 할인점을 찾아가기 시작했고, 결국 잡화점은 점점 사라져갔다.

18세기 중반 산업 자본주의 등장 이후 신기술은 사회 변화의 핵심 키워드였다. 신기술은 생활의 편의를 가져다줌과 동시에 사회 전체의 패러다임과 구조 자체를 바꾸어 놓았다. 1970년대 중반 컴퓨터, 인터넷 등의 신기술은 고용사회의 파괴와 고정관념을 바꾸는 결과를 가져왔다.

2007년 6월 아이폰이 등장하면서 증기기관, 인터넷, 반도체, 컴퓨터와는 차원이 다른 변화를 불러일으켰다. 심지어 BI Beofre iPhone(아이폰 이전)와 AI After iPhone(아이폰 이후) 시대로 나뉜다는 말도 한다. 아이폰은 '연결된 세상'을 열었으며 구글, 페이스북, 유튜브, 네이버, 카카오톡 같은 소셜미디어 플랫폼들은 거대한 수익을 창출하고 있다.

고용사회가 끝나고 이제는 스스로 기회를 선택하는 시대가 되었다. 이런 시대의 최대 수혜자는 모바일과 소셜네트워크 창작자이다. 소설가, 만화가, 방송작가, 시나리오 작가, 가수, 영화배우, 스포츠 스타, 영화감독, 게임 개발자, 소프트웨어 개발자 등 창의적 생산물을 기획하고 만들어내는 사람들이 자본을 지배할 것이다. 모바일과 소셜네트워크로 연결된 세상에서 더 많은 것을 창작하고 연결을 확장할 수 있는 사람이 각광받게 되는 것이다.

클라우드 컴퓨팅의
경쟁력

　　고대의 도서관은 정치권력과 집권자들의 강력한
힘으로 세워졌고, 그것을 이용할 수 있는 사람들은 소수에 불과
했다. 오래 전 소수의 전유물이었던 도서관이 지금은 만인의 전
유물로 바뀌었다. 더구나 디지털 시대를 맞이하면서 물리적 공
간의 의미까지 흔들리고 있다.

　　프리북스Free Books라는 애플리케이션은 5만 1305권의 책을
무료로 제공하며, 쿠텐베르크 프로젝트(www.gutenberg.org)는
5300권의 책을 무료로 제공한다. 이 모든 것이 가능하게 된 것
이 바로 클라우드 컴퓨팅 덕분이다.

몇 년 전만 해도 파일을 다른 기기로 옮기기 위해서는 별도의 저장 장치인 USB 메모리가 있어야 했다. 하지만 구글드라이브와 MS의 원드라이브는 웹으로 연결할 수만 있다면 어느 기기에서든지 작업해서 저장한 것들을 꺼내 볼 수 있다. 또한 구글포토는 스마트폰으로 찍어 저장된 사진을 앱을 통해서 올리면 클라우드에 저장되어 무제한으로 사진과 동영상이 저장된다. 저장된 것은 웹에서 다운받을 때 장소와 시간대별 분류로 불러 올 수 있다. 이처럼 인터넷상의 서버를 통해 데이터 작업, 저장, 공유 등을 할 수 있는 컴퓨팅 환경을 '클라우드 컴퓨팅'이라고 한다. 물리적인 저장 장치 없이 웹상에서 작업이 이루어지는 것이다.

스티브 잡스는 1995년 2월 IT 전문 잡지 「와이어드」에서 "창조는 단지 연결일 뿐이다"라고 했다. 콜롬비아 대학교의 윌리엄 더건 교수 또한 스티브 잡스와 빌 게이츠를 언급하면서 "결코 새로운 것을 발명하는 일은 없으며, 외부에서 끊임없이 무언가를 찾고, 최선의 것을 발견해 그들을 조합하는 것이 창조"라고

했다. 바로 협업을 통해 새로운 창조를 이끌어낼 수 있다는 의미이다.

"팀으로 일하면서 불가능한

것을 이루세요"라는 슈퍼볼 대회 광고는 클라우드 컴퓨팅의 역할을 단적으로 설명하는 말이다. 클라우드의 등장으로 온라인상에서 공유와 협업이 가능하게 되었기 때문이다.

클라우드의 가장 큰 특징으로 두 가지를 들 수 있다.

첫째, 이용자들이 별도의 저장 장치나 노트북을 가지고 다니지 않아도 언제 어디서나 인터넷만 연결되면 동일한 문서를 꺼내서 작업할 수 있다.

둘째, 자신이 선택한 특정인 혹은 공개된 다수자들과 함께 작업할 수 있다. 부서별, 팀별로 협업할 수 있다. 또한 커뮤니티 매핑과 같이 특정 재해지역, 공공시설 사용, 맛집 정보 등의 지도를 함께 만들거나 편집해 나갈 수 있다.

클라우드 컴퓨팅이 등장하기 이전에는 프로젝트를 실행하려면 모두 회의실에 모여 의견을 나누고 검토해야 했다. 하지만 클라우드 컴퓨팅으로 문서를 공유하고 함께 작업하게 되면서 엄청난 시간 절약 효과를 거둘 수 있게 되었다. 시간과 공간을 확보해야 하는 문제를 클라우드 컴퓨팅이 해결한 것이다.

클라우드는 생산의 도구이자, 연결하고 확장해 나가는 도구이다. 앞으로는 클라우드로 모든 업무를 해결하는 시대이다. 클라우드 컴퓨팅을 활용하여 창의적인 생산물을 낼 수 있는 사람은 시간과 비용 면에서 그렇지 않은 사람보다 훨씬 경쟁 우위에 있는 셈이다.

소셜네트워크의 언어

욕설에는 대체로 성과 관련된 것들이 많은데, 이는 성이 인간의 가장 기본적인 욕구이면서도 금기 사항으로 상대의 수치심을 유발하기 때문이다. 병란丙亂·호란胡亂 후 청나라에 인질이나 노비로 끌려갔다가 돌아온 여인을 환향녀라 하고,

그 자식을 호로자식이라 불렀다. 그들은 유교사회에서 정조를 지키지 못했다는 이유로 큰 비난을 받았다. 남편이 아닌 남자와 정을 통하는 여자를 화냥년이라고 부르는데 이 말이 바로 환향녀에서 비롯되었다.

영어권의 대표적인 욕인 '퍽fuck'은 성교를 의미하며 이것이 욕으로 처음 기록된 것은 1503년이다. 여자의 성기를 뜻하는 '컨트cunt'는 1230년 런던 거리 이름 중에 Gropecuntlane에 포함되면서 매춘부와 성매수자들이 찾는 지역을 뜻하게 되었다. 한편 엉덩이를 뜻하는 '애스ass'는 '병신', '또라이'라는 말로 사용된다.

또한 욕은 통증 완화의 효과를 나타내는 것으로 보기도 한다. 극심한 고통이나 스트레스를 받았을 때 한 번 내지르는 욕으로 완화가 된다는 것이다. 평소에 욕을 하는 빈도가 높은 사람일수록 욕을 전혀 하지 않는 사람에 비해 통증 내성이 줄어든다고 한다. 핍박을 받고 억울함을 당했을 때도 욕으로 긴장감을 해소하고, 웃음과 즐거움으로 감정을 순화시켜서 건강에 도움이 되기도 한다.

코미디언 리처드 둘리의 『욕에 얽힌 진실Blue streak』에서 '욕'은 거의 모든 것에 연결되어 있다고 한다. 비행기가 마지막으로 추락하기 직전 블랙박스에 녹음된 조종사의 마지막 말은 다름 아닌 욕이 많았다는 것이다.

욕은 감정을 보다 효과적으로 표현하기도 한다. 어니스트 헤밍웨이는 "무엇이든 초안은 다 개떡 같다The first draft of anything is shit"라고 자신의 감정을 표현했다. 1939년 「바람과 함께 사라지다」

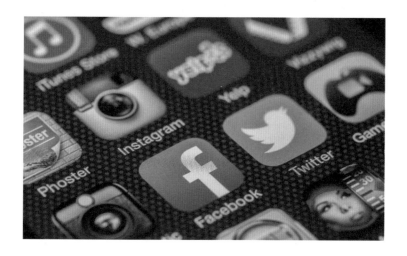

에서 레트 버틀러 역을 맡은 클라크 게이블의 유명한 대사 "솔직히 내 알 바 아니오! Frankly, my dear, I don't give a damn!"에 대해 영화제 심의위원회는 5천 달러의 벌금을 부과했다. 하지만 제작사는 많은 논란과 관심을 불러일으킬 것이라 했고, 예상은 적중해 미국 영화 100대 명대사 중 1위에 뽑혔다.

익명성이 보장된 인터넷상에서 사람들은 더욱 과감하게 욕을 사용하고 있다. 그러나 SNS나 인터넷에 한 번 올린 욕은 리트윗되어 퍼져 나가면 종내는 감당키 어려운 상황에 처할 수 있다. 이와 관련해 구글의 회장 에릭 슈미트는 미래에는 과거에 행동한 일들이 자신의 발목을 잡을 것이라고 경고하기도 했다. 우리는 학생 때의 치기 어린 비속어들이 훗날 비난의 화살로 되돌아오는 경우를 보았다.

언어의 파괴, 욕의 다양한 변조, 언어의 창조는 인간의 본성 중 하나이다. 하지만 연구에 따르면 부모가 지나치게 방임하거나 강압적인 가정의 아이들이 욕을 많이 하고, 부모가 민주적이며 가족 간에 자주 대화하는 가정의 아이들이 욕을 적게 사용하는 경향이 있다고 한다. 어릴 때부터 독서와 학교에서의 바른 말 사용 교육이 비속어 억제 요인으로 작용한다. 성적을 강조하는 입시 위주의 학교생활에서 받은 상처와 스트레스 대신, 정이 오가는 치유되는 언어와 따뜻한 분위기를 만드는 데는 부모와 사회의 적극적인 협력이 필요하다. SNS에서 다양한 표현 방식이 허용되고 있지만, 올바른 언어를 사용하고 다시 자신의 것으로 이해하는 노력이 필요하다.

PART 2

그들에게서
배운다

어떻게 살아왔는지, 어떤 성향을 지녔는지, 어떠한 것을 좋아하는지를 아는 데 페이스북이나 블로그만큼 좋은 자료도 없다. 디지털 평판을 꾸준히 관리해야 한다. SNS가 한 사람의 인생을 좌우하는 시대에 인공지능의 빅데이터는 내가 뭘 했는지 똑똑하게 찾아낼 것이다.

인간에게 창조력이 부여된 것은
자기에게 주어진 것을 더욱 늘리라는 명령이다.

안톤 체호프

다양성과 통합의 나라,
스위스

　　스위스에 가면 꼭 구입하는 물건이 하나 있다. 일명 맥가이버 칼로 스위스 국기가 그려진 아미 나이프Army Knife 빅토리녹스이다. 그런데 이것과 자주 혼동되는 제품이 있는데 웽거 나이프이다. 현재 두 회사는 9·11테러를 계기로 합병되었다. 1884년 칼 엘스너는 어머니의 이름 빅토리아Victoria와 스테인리스를 뜻하는 '이녹시다블레Inoxydable'의 철자를 합해 빅토리녹스라는 이름을 만들었다. 그는 독일에서 나이프 제작 기술을 배워 스위스에서 회사를 설립했는데 처음에는 주방용 칼과 외과 수술용 칼을 만들었다. 그러다 1981년 스위스 군대에 군용 나이프를 납품하고, 빅토리녹스와 웽거는 군납 독점을 보장받았다.

1985년 미국 드라마 「맥가이버」의 인기와 더불어 두 회사 제품은 인기가 치솟았으나, 9·11테러 이후 기내에서 칼을 소지할수 없게 되면서 해외여행의 필수품이었던 칼의 매출이 크게 떨어졌다. 이후 의류, 시계, 가방 등 사업 다각화를 준비하던 빅토리녹스는 오로지 칼만 만들던 웽거를 합병했다.

세계에서 가장 살기 좋은 10대 도시 중에 스위스의 취리히, 제네바, 베른 등이 포함된다. 「포브스」의 조사에 의하면 세계의 억만장자 상위 300명 중 113명이 스위스에 거주하고 있다. 1인당 GDP와 국가 경쟁력도 세계의 3~4위권이다. 빈곤율 또한 유럽의 3분의 1에 불과하여 양극화 없이 전 국민이 골고루 잘사는 나라라고 할 수 있다. 영국 「이노코미스트」의 삶의 질 지수Quality of life index에 따르면, 80개국 중에서 가장 살기 좋은 나라가 바로 스위스이다.

시계, 귀금속, 의약품 등의 산업이 대부분을 차지하는 스위스는 18세기 산업혁명 이후 발 빠르게 산업화를 진행해 오늘에 이르렀다. 19세기에는 다민족 복합문화의 한계를 극복하고 연방주의 지방분권으로 민주화를 성취했다. 20세기에는 유럽 교통의 전략적 요충지였으며, 영세 중립이라는 정치적 조건을 활용

하여 국제화에 성공했다. 오늘날 스위스는 유럽연합EU에 가입되어 있지 않기 때문에 스위스를 방문한다면 유로화가 통용되지 않으므로 반드시 스위스 프랑으로 환전해야 한다.

스위스의 산악기차를 타고 여행하다 보면 나무로 만든 집들이 낭만적인 풍경을 자아내는데, 이런 전원주택들에 대포의 포문이 설치되어 있다. 지하 전체가 제2차세계대전 때 군사 요새였던 전원주택 지역도 있다. 이런 요새가 알프스에만 2만 개가 넘는다. 그리고 스위스의 각 가정에도 군사 장비와 사냥 장비가 가득 차 있다. 이는 외세가 함부로 침입하지 못하도록 모든 국민이 군사 훈련을 받아 막강한 국방력을 갖추고 있는 것이다.

스위스는 지방자치로 유명하다. 스위스의 마을 단위 칸톤은 모든 의사결정을 주민이 참여하는 주민총회에서 결정한다. 조너선 스테인버그Jonathan Steinberg는 『왜 스위스인가?』에서 스위스가 정치, 경제, 문화, 사회 등 모든 분야에서 다양성을 갖추고 있고, 정치적 분열, 노사 분규가 없고 사회적 갈등이 적은 점을 높이 평가했다. 모든 마을 사람이 참여하는 토론 문화가 그들의 바람직한 문제 해결력으로 향상시키고 그것이 국가의 발전과 직결된다. 많은 아이디어가 모일 수밖에 없는 구조를 가지고 있는 것이다.

스위스의 알프스 꼭대기를 편하게 오르면서 아름다운 풍광을 구경할 수 있는 것은 모두 톱니바퀴로 운행되는 스위스의 산악열차 덕분이다. 산악열차를 차고 융프라우요흐Top of Europe를 오르는 등산 철도는 1884년 스위스 섬유사업가 알돌프 가이어-젤러가 최첨단 기술을 이용하여 얼음으로 둘러싸인 바위산 아래로 터널을 뚫어 건설했다. 눈사태의 위험으로 폭약을 사용하지는 못하고 천문학적 공사비용을 사재로 충당했다. 노동력이 비교적 저렴한 이탈리아를 비롯해 외국에서 일꾼을 모집했는데 그들에게 하루 1리터 이상의 포도주를 제공하는 등의 근로조건을 제시하기도 했다.

이 프로젝트는 자원도 없고 산악으로 둘러싸인 나라 스위스를 후손에게 어떻게 물려줄까 하는 고민에서 시작되었다고 한다. 덕분에 100년이 넘은 오늘날에도 큰 불편 없이 사용되고 있다는 사실은 우리에게 많은 것을 시사한다.

산악 철도는 경사도가 1미터당 최고 25센티미터로 열차 승객이 자연스럽게 고도 변화에 적응하도록 설계되어 있다. 인근에 수력발전소를 건설하여 거기에서 나오는 전력으로 터널 굴착, 환기, 조명, 취사, 난방 시설을 가동하고, 하행열차에 발전기를 달아서 발생하는 전력을 상행열차에 공급한다. 또한 종점에는 관광객을 위한 전망대, 천체, 지질, 기상 관측소를 세워 철도역의 이용 가치를 높였다. 스핑크스처럼 생긴 전망대 건물은 금속과 철선으로 이루어져 낙뢰 및 전파 자기 장애를 방지한다.

100여 년 전 척박한 산악지방 후손들을 위해서 고민에 고민을 거듭하며 만들었던 산악철도가 스위스 관광의 맥을 잇고 있는 것이다. 스위스를 여행하다 보면 끝없이 펼쳐진 목초지가 소와 양을 위해 만들어진 것으로 생각할 수도 있지만, 그 산의 지형과 아름다움을 위해 목초지 유지비용과 지원을 아끼지 않는 것이다. 스위스를 여행하다 보면 그것들을 지켜나가는 그들의 손끝 하나하나를 느낄 수가 있다.

매일매일 혁신하는 나라,
네덜란드

15세기 유럽에서 책을 가장 많이 인쇄한 지역은 베네치아였다. 16세기에는 무려 500여 개의 인쇄소가 1800만 권의 책을 찍어냈다. 베네치아가 16세기에 도시국가 가운데 가장 번성했던 것도 바로 인쇄술을 바탕으로 막대한 지식과 정보를 축적 습득할 수 있었기 때문이었다. 베네치아에서는 시장이 언제, 어디서, 어떻게 열리는지, 어떤 상선이 무엇을 싣고 언제 도착하는지 등등 모든 상품에 대한 정보와 가격 동향을 인쇄물을 통해 알려주었다.

하지만 17세기에 이르러 유럽 인쇄의 중심지가 베네치아에

서 암스테르담으로 이동하게 된다. 이것은 지중해 시대의 종말을 의미한다. 연유는 종교적 다양성이 인정되지 않았던 이탈리아보다는 종교적으로 가장 관대했던 국가가 바로 네덜란드였기 때문이다. 출판에 대한 검열이 심했던 유럽 다른 나라들과는 달리 네덜란드는 라틴어, 프랑스어, 독일어, 영어를 비롯한 다양한 언어로 책을 펴냈다. 당시 지식은 곧 권력이었다. 유럽의 여러 나라에서는 인쇄술의 발달로 지식을 독점할 수 없게 된 지배층과 교회가 검열을 강화함으로써 지식을 독점하려 한 것이다.

그에 반해 네덜란드는 열린 정보 체제를 갖추고 있었다. 따라서 유럽의 많은 지식인은 자국의 검열을 피해 암스테르담에서 책을 펴냈다. 교육과 정보는 열린 곳으로 이동한다는 것을 네딜란드의 역사가 말해 주고 있다. 자신의 가치와 지식이 통하는 곳에서 뜻을 펼치게 마련이다.

당시 네덜란드는 동인도회사를 통해 외국의 문물과 정보에 대한 강한 욕구를 느끼고 있었다. 동인도회사는 현실적 필요에 의해 지극히 사소하고 변변찮은 지식과 정보까지 모두 수집했다. 지도, 여행기, 항해기 등등. 이러한 지식과 정보는 기술의 발달과 원가절감으로 자연스럽게 이어져 유럽의 여러 나라 사람들이 네덜란드를 찾았다. 네덜란드에서는 영어로 된 성경조차 런던보다 훨씬 싼 가격으로 인쇄했다.

폴 존스은 『유대인의 역사』에서 네덜란드와 영국 유대인의 상업적 특징을 이렇게 요약했다.

첫째, '혁신'을 생활화했다. 부단히 효율적인 방법을 찾은 것이다. 둘째, 판매의 중요성을 항상 강조했다. 셋째, 가능한 넓은 시장을 개척했다. 일찍이 경제성의 규모를 중요하게 여기고 있었다. 넷째, 상품의 가격을 최대한 낮추려고 했다. 생산성 향상과 유통 구조의 합리화를 통한 경쟁력 향상에 주력했다. 다섯째, 상업 정보수집과 활용에 정통했다. 이로 인해 세계 각국에 흩어진 유대인을 결집할 수 있었다.

인쇄술이 발명되기 이전부터 유대인들은 어린 시절에 성경을 읽고 쓰는 법을 배웠다. 왕족이나 귀족들조차 글을 읽고 쓸 줄 몰랐던 유럽에서 유대인들이 상업을 석권할 수 있었던 이유가 바로 이러한 교육 덕분이다.

1492년 에스파냐는 이슬람 세력을 완전히 축출하고 에스파냐 왕국을 세웠다. 에스파냐는 가톨릭교회의 완전한 회복을 위해 종교재판을 열고 많은 사람을 처형하고 추방했는데, 그와 함께 유대인들의 지식과 자본이 빠져나갔다. 에스파냐는 국토 회복의 자신감과 더불어 식민지에서 유입되는 막강한 부를 축적하여 유럽의 강호로는 부상했지만 정작 중요한 가치를 잃어버린 것이다. 이것이 에스파냐가 변방으로 밀리고 네덜란드가 부상하게 된 계기가 되었다.

이러한 네덜란드를 벤치마킹한 나라가 바로 일본이다. 일본에서는 네덜란드를 배우는 학문을 '난학'이라고 불렀다. 일본어로는 '오란다'이다. 초창기 일본은 네덜란드에 대해 관용적이었다. 에도 시대에 포르투갈과 에스파냐를 제쳐두고 네덜란드를 선택한 것은 오로지 무역에 목적이 있었기 때문이다. 네덜란드는 에스파냐와 독립전쟁을 거치면서 종교적 관용을 경험했고 무역만이 자신들의 살길이라 절감했다.

이 네덜란드를 통해 일본은 과학, 천문학, 의학에 실용적인 학문의 토대를 마련했으며, 1868년의 메이지유신明治維新 문명개화의 기초가 되었다.

중국이 아편전쟁으로 쇠락할 때 일본은 실용적인 난학을 기반으로 서양 문물을 개방하고 받아들이는 운동이 지방의 하급 무사들을 중심으로 일어났다. 지금도 일본에서 사용하는 과학 용어들이 이때 번역되어 탄생한 것이다. 앞서간 문물이나 학문을 배워 자신의 것으로 받아들여야 한다는 절실함이 메이지 유신을 무혈사무라이 혁명으로 이끌었다. 그 당시에 우리나라의 쇄국정책과 어떻게 달랐는지 눈여겨보아야 할 점이다. 제주도에 표류 후 체포되어 조선에서 오랫동안 생활한 동인도 회사 소속의 하멜일행이 그토록 돌아가고 싶어 했던 곳은 네덜란드가 아니라 개방된 나라 일본의 '나가사키'였다는 것을 잊지 말아야 한다.

지금은 배를 타고 이동하던 시대가 아니라 온라인으로 전 세계가 실시간 연결되는 시대이다. 다른 국가와 지역, 인종과 언어가 온라인상에서는 모두 하나로 연결된다. 다양한 문화를 어떻게 수용하고 발전할 것인가, 상대의 문화를 이해하면서 나의 문화를 어떻게 유지하고 발전시켜 나갈 것인가? 이러한 질문이 어느 시대보다 중요하다.

아이디어의 땅,
독일

〈독일 사회를 인터뷰하다〉에서 박원순 시장은 "어떻게 하면 단 하나의 놀이터도 같은 디자인으로 만들지 않았을까, 학교도 감옥이 연상되는 사각의 건물이 아닌 아름다운 곡선으로 만든 건물들이었다"라고 감탄하며 말했다.

독일 베를린의 홈볼트 대학교 앞에는 대형 조형물이 하나 설치되어 있다. 12.2미터의 책탑인데 베를린에서 아이디어의 거리라는 이름 아래 2016년 건축된 건물 중 하나이다. 이 조형물이 기리는 사람은 바로 '요하네스 구텐베르크'이다. 그가 금속활자를 고안함으로써 사상과 지혜는 곧 책이라는 것을 확산시킨 그의 공적을 기념하기 위한 것이다. 조형물의 이름은 '아이디어의 땅 독일Germany, Land of Ideas'이다.

이 책탑에는 책이 총 17권이 있다. 책의 저자는 '귄터 그라스, 한나 아렌트, 하인리히 하이네, 마르틴 루터, 이마누엘 칸트, 안나 제거스, 게오르그 빌헬름 프리드리히 헤겔, 그림 형제, 카를 마르크스, 하인리히 뵐, 프리드리히 쉴러, 고트홀트 에프라임 레싱, 헤르만 헤세, 테오도르 폰타네, 토마스 만과 하인리히 만, 베르톨트 브레히트, 요한 볼프강 폰 괴테' 등이다. 이들은 독일 인문적 소양의 밑거름이었던 인물들이다.

우리가 정작 독일에서 배워야 할 것들은 그들의 교육 시스템과 의료 서비스가 아니다. 이런 시공간의 다양한 아이디어와 사회적 지식을 기른 안목과 열린 마음의 태도이다. 이런 마음은 인

문학적 지식에서 나온다.

베를린 동포 리포트에 올라온 글 중에 하나를 보면 독일에서 배울 점은 '단순함과 소박함'의 추구라고 한다. 독일어로는 '적은 것이 더 많은 것을 얻는다Weniger ist mehr'이다. 영어로는 'Less is More', 즉 미니멀리즘의 대표 슬로건이다. 그들은 디자인은 물론 식습관, 소비 습관, 휴가와 여가 스타일까지 단순함을 추구하며 소소한 삶의 재미와 즐거움을 느낀다.

단순함의 추구는 곧 규격을 만들었다. 우리가 사용하는 프린트 용지의 크기를 A1, A3, B4 등이라고 하는데 이것은 독일에서 만들어진 것이다. 또한 파버카르텔 회사에서 정한 연필 규격 4B, HB 등도 세계의 표준 규격이 되었다.

단순함과 정밀한 것을 좋아하는 독일인의 장인 의식이 오늘날 세계 최고의 자동차를 만들었다. 앙겔라 메르켈 총리 역시 검약, 인내, 규율로 정의되는 독일의 국민성을 잘 보여준다.

오래된 것에서
새로움을 창조하는 이탈리아

　　독일의 문호 괴테는 "시칠리아를 보지 않고 이탈리아를 보았다고 이야기할 수 없다"라고 하였다. 시칠리아는 지중해에서 가장 큰 섬이다. 위치 또한 절묘해서 유럽과 아프리카 사이의 지중해 한가운데에 자리 잡고 있다. 시칠리아가 유럽, 아프리카, 아시아를 이어주는 통로이자 길목이었던 이유이다. 더욱이 화산활동으로 생성된 비옥한 땅은 올리브, 포도, 오렌지 농사가 잘 돼서 여러 나라가 탐냈던 곳이다.

　　시칠리아는 그리스 지배 이후에 로마, 비잔틴, 이슬람, 노르만 등의 지배를 거쳐서 1860년에 가리발디 장군에게 점령되어 이

탈리아 왕국에 병합되었다. 이 섬은 영화 「시네마 천국」의 촬영지로 유명하다. 엔니오 모리코네는 영화에서 이곳의 뛰어난 풍경과 아름다운 건축물들을 음악으로 표현했다. 「시네마 천국」의 음악을 듣고 있노라면 주인공인 알프레도와 토토의 천국과 같은 풍경이 떠오른다.

　이탈리아는 지중해 베네치아에서 무역으로 축적한 막강한 부를 얻으면서 딜레마에 빠졌다. 과거의 찬란했던 그리스는 어떻게 살았을까, 어떻게 행복해지려고 했을까에 대한 끊임없는 질문을 던졌다. 부를 가지고도 인간이 얻을 수 없는 행복과 즐거움은 어디에서 오는가를 고대 그리스에서 찾으려고 했다. 그것이 바로 르네상스의 시작이었다. 행복과 즐거움은 알려고 하는 지식에서 시작한다. 그러한 지식의 욕구가 르네상스를 탄생시켰다. 그 지식들은 문사철 즉, 문학, 역사, 철학이다. 이러한 인문학이 지금의 이탈리아가 탄생하게 된 큰 기둥이 된 것이다.

이탈리아의 아름다운 도시 피렌체는 레오나르도 다 빈치, 미켈란젤로, 브루넬레스키, 단테, 마키아베리, 갈리레오 그리고 메디치 가문이 탄생한 곳이다. 꽃의 도시라고 불리며 수많은 예술가와 시인들이 사랑한 도시이다. 또한 에쿠니 가오리의 일본 소설 『냉정과 열정 사이』의 배경이기도 하다. 피렌체는 이탈리아의 아름다운 건축물과 그것을 유지하고자 하는 이탈리아 사람들의 자부심과 열망을 고스란히 느낄 수 있는 곳이다. 피렌체의 두오모를 통해 중세의 고딕 양식에서 신고전주의로 변화했다. 이것은 고전에서 영감을 받아 새로운 것을 창조한 문예 부흥을 의미한다.

피렌체 두오모를 설계한 브루넬레스키와 그의 친구 도나텔로는 고대 로마의 작가, 당시는 아무도 몰랐던 직립구조를 위한 골조 체계에 대한 『건축십서』를 지은 비트루비우스에게 매우 큰 영감을 받는다. 1296년부터 착공한 피렌체 대성당에 대한 건축

의뢰를 받을 당시(1418)만 해도 판테온 대성당보다 더 큰 돔을 어떻게 지어야 할지 아무도 알지 못했다. 결국 브루넬레스키의 인문적 교양과 수학적 재능이 결합되어 르네상스의 역사적 건축물을 통해 피렌체의 대표적 건물이 만들어진 것이다. 블루넬리스키와 같은 인문과 수학을 접목한 사람이 추구했던 건축을 오늘날의 이탈리아는 유지와 보수, 나아가 더 나은 쪽으로 발전시키고 있다는 사실은 시사하는 바가 크다.

미라이 공업의
혁신 아닌 혁신

승진자의 이름을 적은 종이를 선풍기 바람으로 날려서 가장 멀리 떨어진 종이에 적힌 사람을 승진시킨 것으로 유명한 미라이 공업 야마다 아키오 사장의 경영 철학은 그의 행동만큼이나 독특하다.

2007년 한 한국인이 미라이 공업에 면접을 보러 갔을 때였다.

"당신은 합격.", "네?"

"가장 멀리에서 왔으니까, 합격."

이렇게 그 한국인은 미라이 공업에 입사했다고 한다.

1947년 야마다는 중학교를 졸업하고 아버지가 운영하던 야마다 전선 제조소에 들어가 16세에 전무 자리에 오른다. 연봉은 회사에서 두 번째로 많았지만 야마다는 회사일은 하지 않고 연극에만 몰두한다. 당시에는 마작이 직장인들의 취미였는데 마작을 싫어하는 사람들끼리 연극단을 만들어 무대 감독을 맡는다. 그런 야마다이기에 아버지와 자주 마찰을 빚었다. 아버지는 일은 하지 않고 놀기만 하는 아들이 못마땅했다. 반면 야마다는 영업을 등한시하고 혁신을 꾀하지 않는 아버지를 이해할 수 없었다. 결국 1965년 야마다는 퇴직금 한 푼 없이 회사에서 해고되고 아버지와도 의절한다. 이후 그는 미라이 공업을 설립해서 아버지의 회사와 경쟁하기에 이른다.

　새로운 회사에 함께 참여한 사람은 야마다와 시미즈, 그 외 남자 한 명과 여자 한 명, 총 네 명의 연극단 친구들이었다. 당시 방 두 개짜리 단층집을 빌려 시작했다. 첫 제품은 전선 하나를 여러 가닥으로 갈라지게 하는 기구인 '투명 조인트 박스'였다. 야마다는 18년간 아버지의 회사에서 영업 노하우를 쌓았고, 시미즈 쇼하치는 아이디어 상품을 내면서 스타트업으로 콤비를 맞췄다. 그들은 기술 개발과 함께 차별화를 거듭하면서 회사의 규모가 커지자 각지에 공장과 영업소를 설립하고, 1991년 증권 거래소에 상장하기에 이른다. 1999년 야마다가 뇌경색으로 쓰

常·に·考·え·る

idea

러진 후 공동 창업자 시미즈 쇼하치에게 경영을 넘긴다.

회사 규모는 1999년에 사원 수 701명, 매출액 127억 엔이었는데 7년 후인 2007년에는 사원 수 782명으로 82명밖에 늘지 않았지만 매출액은 2배가 넘은 261억 엔이었다. 그 시기가 일본의 거품경제가 꺼지고 장기 침체기로 접어들면서 닛산, 마츠시타, 소니, 도시바 등 일본 대표 기업이 대량 해고를 하던 시기였다. 하지만 미라이 공업은 오히려 직원과 매출이 증가했다.

미라이 공업의 사원들은 정년, 명예퇴직, 정리해고를 걱정하지 않는다. 71세 생일 전날까지 종신고용으로 근무할 수 있기 때문이다. 일본에서 가장 긴 근무연한이다.

사람을 다루는 방법에는 당근과 채찍 두 가지가 있다고 한다. 하지만 야마다 아키오는 당근만 사용한다. 인간은 말이 아니기 때문이라는 것이다. 그는 처음부터 훌륭한 직원을 뽑기보다 직원들이 아이디어를 많이 낼 수 있는 환경을 만들어주면 훨씬 더 회사에 기여할 수 있다고 여긴다. 미라이 공업에서는 아무 쓸모없는 아이디어라도 아이디어함에 집어넣으면 500엔(5천 원 상당)을 상금으로 준다. 낙서를 갈겨서 넣어도 지급한다.

2013년에는 야마다 아키오의 아들 마사히로가 미라이 공업의 사장에 올랐다. 세습 경영이 아니었다. 야마다가 내복 바람으로 다닌 것처럼 마사히로는 알로하 셔츠를 즐겨 입는다. 그는 자회사인 진보 전기에서 근무하는 동안 단 한 번도 직원을 꾸짖은 적이 없다고 하는데, 이것이 적자와 위기를 극복할 수 있었던 요인이었다고 한다. 또한 미라이 공업은 과연 이윤을 추구하는 기업이 맞는지 의구심이 들 정도로 파격적인 복리후생을 자랑한다. 연봉도 일본의 대기업보다 높다. 이러한 직원들에 대한 복리후생이 혁신적인 아이디어가 나올 수 있는 환경을 만들었다고 생각한다.

스위스의 교육,
독일의 교육

학생이 과목을 선택하는 스위스 학교

스위스는 9학년까지 의무교육을 시행하며, 일정 시간의 견습과 함께 직업훈련을 할 수 있는 직업전문학교가 있다. 직업 훈련을 받을 수 있는 직종만 230개가 넘는다. 410개 직업학교Berufslehre가 있고 직업교육 과정은 8만 개가 넘으며, 직업학교 출신이라고 해서 승진에 불리한 환경은 아니다. 스위스 국민들은 대략 20%가 대학에 진학하고, 50%는 직업학교, 나머지는 고등학교Gymnasium를 졸업한다. 우리나라 교육과 다른 점이라면 몇몇 기본 과목을 제외하고 자신이 원하는 과목을 선택해서 공부할 수 있다. 자신이 흥미를 가지는 공부를 선택할 수 있으므로 이것은 자연스럽게 자기 계발로 이어진다. 우리나라처럼 특정한 수준의 아이들 중심으로 수업을 이끌어가는 것이 아니라 어떤 과목에 부진한 학생들은 교사가 특별 지도를 통해 진도를 따라갈 수 있도록 도와준다.

토론 위주의 독일 교육

독일의 중등교육 기관인 김나지움에서는 토론 위주의 수업을 진행한다. 대부분 학생들 스스로 토론하고 선생님에게 질문하는 방식이다. 따라서 학생들은 수업 시간 자체에 상당한 긴장

감을 느낀다. 대학과 유사하게 등교 시간이 정해진 것이 아니라 자신이 듣는 수업시간에 맞춰 등교하고 교실도 자유롭게 옮겨 다닌다.

학교수업은 블록Block이라 하여 90분 수업이 한 단위이다. 이 90분 수업 중에 10분 정도는 교사가 설명하고 나머지는 토론으로 이어진다. 이때 교사는 학생들의 발표를 꼼꼼히 체크한다. 적극적인 수업 태도가 좋은 평가를 받는다.

김나지움의 또 다른 특징은 그 자체가 체육관이라고 할 정도로 체육시설이 잘 갖춰져 있다. 운동은 농구, 배구, 축구 등의 구기 종목보다는 스쿼트, 왕복 달리기, 오래 달리기 등 체력을 향상하는 운동을 위주로 시킨다. 그야말로 지력과 체력을 모두 겸비한 시민을 양성하는 것이다.

독일은 고등학교를 졸업하고 30~35% 정도의 학생들만 대학에 진학한다. 그렇지 않은 학생들은 마이스터 제도를 통해 직업현장에서 실습을 받는다. 독일의 마이스터 제도야말로 일류의 제품을 만들어내는 바탕이라고 할 수 있다. 대학을 졸업하지 않아도 실력만 꾸준히 쌓으면 그 이상으로 인정받을 수 있는 사회 분위기가 동기부여를 하는 것이다.

나치 시대 유대인 대학살을 의미하는 '홀로코스트'를 대하는 독일인들의 태도를 '대면과 가공'으로 나누기도 하는데 대면은 고개를 돌리지 않고 바로 보는 것이며, 가공은 불편하더라도 집어 삼켜서 소화하는 태도이다. 문제를 해결해 나가려면 똑바로 응시해야 한다. 독일 사람들은 책임의식을 가지고 공적인 일에 적극적으로 참여하여 홀로코스트와 같은 엄청난 두려운 상황에서도 소신껏 행동하는 용기, 시민의 용기Zivilcourage를 교육의 목표로 삼고 있다. 과거사 교육, 시민 교육, 평화 교육이 독일인을 세계적인 시민으로 만들었다. 그리고 이러한 시민의식이 제조업의 성장과 뛰어난 기술력으로 수출 주도형 전문 기술 인력을 배출했다.

기억하는 동물,
인간

기원전 5세기, 그리스 대연회장이 붕괴하는 사고
가 일어났다. 참사가 일어나기 직전 키오스의 시인 시모니데스
는 귀족을 위한 시를 읊고 있었다. 시낭송을 마친 시모니데스가
자리를 떠나려고 하는 순간 대연회장의 지붕이 내려앉았다. 그
러자 시모니데스는 눈을 감고 산산 조각 난 대리석 조각을 맞추
고 주저앉은 벽면을 세우고 나무 의자 조각을 맞추기 시작했다.
이것을 기억술의 탄생으로 보고 있다.

조슈아 포어는 『아인슈타인과 문 워킹』에서 고대 그리스에서
부터 시작된 기억법을 이용하여 1년 만에 미국 최고의 기억력

챔피언이 된 사연을 이야기한다. 그의 주장에 따르면 우리는 목록을 기억하는 데는 서툴지만 노선은 아주 잘 기억한다. 그렇다면 노선을 따라 목록을 배열하면 쉽게 기억할 수 있다는 것이다.

매일매일 수많은 정보가 축적되고 새로운 정보가 탄생하는 지금은 무엇보다 집단기억이 중요하다. 집단기억은 다양한 문화와 함께 수많은 세대에 걸쳐 만들어진 것이다. 디지털 네트워크의 발달로 인해 인터넷에 연결된 상태로 개인적인 학습과 공유된 지식을 모두 확보할 수 있게 되었다. 예로 기후변화를 연구하기 위해서는 다양한 분야의 전문지식이 필요하다. 대기, 해양, 불, 얼음, 에너지 생산과 생물학적 순환의 상호작용을 이해해야 한다. 이러한 지식을 이해하려면 역사적 데이터를 사용할 수밖에 없다. 역사적 지식과의 상호작용을 통해 미래를 예측해야 하는 이유이다. 자료가 축적될수록 역사적인 데이터로 재사용하게 되어 미래를 확실하게 예측할 수 있다.

집단기억은 수천 년 동안 축적되어 왔다. 어떤 시기는 지식의 힘이 우리를 떠밀어 발전하기도 하고, 한편으로는 혁신으로 나아갈 수 없도록 잡아당기기도 한다. 이러한 이중의 힘 때문에 변화의 순간에 인간은 『돌리틀 선생 항해기』에 나오는 닥터 돌리틀처럼 행동하기도 한다. 몸통 한쪽 끝은 가젤의 머리이고, 다른

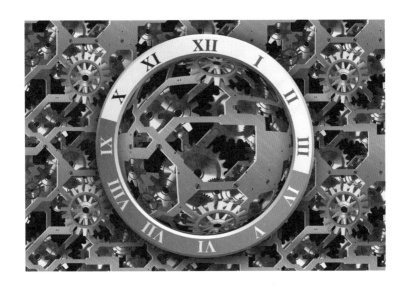

쪽 끝은 유니콘 머리가 달려서 '푸시 미 풀 유push me pull you]처럼 행동하는 것이다. 이 동물은 한 가지 정보를 두 마음으로 처리한다. 한 가지 결정을 내리지 못하므로 서로 다르게 행동한다. 따라서 이 동물은 이러지도 저러지도 못하게 되어 예상치도 못한 곳으로 가게 된다. 더 빨리 행동하고 이동하고 싶어 할수록 목적지에서 멀어진다.

기원전 5세기 그리스인들은 지식을 위한 지식을 집중 육성했는데, 그것이 바로 도서관이다. 알렉산드리아와 로도스, 페르가몬, 아테네, 로마에 대형 도서관이 들어서기 시작했다. 도서관이야말로 기억의 확장이라고 할 수 있다. 당시 도서관은 기록물을 모아두는 창고가 아니라 배움과 학문의 전당이었다.

그리스인들은 오늘날에도 사용하는 기억술mnemoni(기억의 신)을 창안하는 과정에서 뇌가 어떻게 감정과 공간적인 사고를 하는지 발견했다. 수사학은 시민의 덕목이었으며, 암기와 암송 실력을 대중 앞에서 선보이기도 했다.

공간을 걷는 습관이 기억의 회수를 자극한다. 보행운동은 단순히 몸을 움직이는 것 이상의 효과를 가져온다. 수학자, 작곡가, 작가, 과학자 등 정신 활동에 종사하는 사람들은 일이 풀리지 않을 때 걸으면서 머릿속을 흔들어 깨운다. 베토벤, 디킨스, 키르케고르가 산책을 즐긴 것은 우연이 아니었다.

런던의 택시기사가 그렇게 복잡한 거리를 어떻게 다 기억할까? 머릿속 기억의 궁전에 공간의 건축을 이미지화해서 넣어두었기 때문이다. 그리고 이미지를 슬라이드 넘기듯 순서대로 찾아간다. 눈을 감고 위치, 색깔, 맛, 향기, 소리, 느낌을 부여한다. 우리가 통학하거나 출퇴근하는 길을 쉽게 기억하는 것도 이러한 기억의 궁전 덕분이다.

키케로는 연설문을 기억하는 최선의 방법은 원고를 통째로 암기하는 '사물기억'이라고 했다. 주요 이미지를 기억의 궁전에 넣어두는 것이다. '무엇보다도', '우선적으로'를 뜻하는 'in the first place'도 이러한 기억술에서 유래한 말이다.

기억의 궁전에 저장하려는 이미지가 재미있을수록 오랫동안 기억에 남는다. 마치 우리의 삶에서 사소하고 익숙하고, 일상적이고, 평범한 것은 잘 기억해내지 못하는 것과 같다. 이는 기억을 움직이는 정신이 특이하지도 않고, 놀랍지도 않고, 움직이지 않기 때문이다. 이에 반해 비열하고, 치욕스럽고, 놀랍고, 믿기 어렵고, 우스꽝스러운 것들은 오랫동안 기억에 남는다. 이러한 기억을 이용하는 것이 광고, 드라마, 영화, 소설 등이다. 재미있거나 임팩트가 있으면 오랫동안 기억에 남는다. 최근의 교과서와 참고서들이 스토리텔링을 시도하는 것도 이러한 맥락에서다.

우주의 중심은 인간이다

보이저 1호가 탐사를 하고 있을 때 칼 세이건은 배터리가 거의 소모된 카메라에 신호를 보내서 간신히 사진 촬영에 성공했다. 그런데 사진에 찍힌 것은 점보다 작고 초라한 푸른 별 지구의 모습이었다. 그는 지구별을 보면서 이렇게 말했다.

"보라, 여기 빛나는 점을. 우리 집, 우리 자신이다. 우리가 사랑하는 사람, 아는 사람들, 들어봤을 모든 사람, 예전에 있었던 모든 사람이 이곳에서 삶을 누렸다. 기쁨과 슬픔들, 확신에 찬 수많은 종교, 이데올로기들, 경제 이론, 사냥꾼과 약탈자, 영웅과 비겁자, 문명의 창조자와 파괴자, 왕과 농부, 희망에 찬 아이들, 모든 도덕 교사들, 타락한 정치인들, 발명가와 개척자들, 슈퍼스타, 초인적 지도자, 성자와 죄인 등 인류의 역사에서 모든 것이 이 햇빛 속에서 떠도는 먼지 위에서 살았던 것이다."

NASA는 2017년 2월 22일에 지구와 같은 은하계를 가진 새로운 별들이 발견되었다고 발표했다. 크기와 행성들이 지구와 아주 유사하여 인간과 비슷한 생명체가 존재할 확률이 높다는 것이다. 하지만 그 행성은 지구에서 40광년 거리에 있었다. 지구와 비슷한 7개의 행성들이 하나의 별 주위를 도는 모습이 발견된 것이다.

라파엘로의 '아테네 학당'에 등장하는 천문학자 중 한 사람이 1500년 동안 확고부동했던 천동설의 주인공인 프톨레마이오스이다. 그는 달, 수성, 금성, 태양, 화성, 목성, 수성이 지구를 중심으로 돌고 있다고 여기며, 『알마게스트Almagest』에서 행성의 움직임을 원 운동으로 설명했다. 행성의 움직임을 수학적으로 정확하게 예측했기에 1500년 동안 프톨레마이오스는 최고의 천문학자로 존경받았다.

지구가 태양 주위로 돈다는 지동설을 주장한 코페르니쿠스는 폴란드 주교이자 성직자였다. 당시 우주를 설명하는 이론은 천

동설이었다. 지구가 우주의 중심이고 태양이 그 주위를 돌고 있다는 이 학설은 가톨릭교회의 교리이기도 했다. 이러한 이유로 코페르니쿠스의 『천체의 회전에 관하여』가 출간되었을 때 배교적 저술이라는 이유로 금서 목록(1616)에 올랐다가 19세기 초에 해금되었다. 코페르니쿠스는 죽은 뒤 장례식조차 치르지 못하고 성당 지하 묘지에 묻혀 있다가 2005년 발견되어 재매장되었다.

소크라테스는 수학, 기하학 다음으로 배워야 할 학문으로 천문학을 꼽았다. 천문학은 우리의 마음속 눈을 뜨게 해주고, 심신이 정화된 진리를 볼 수 있게 해주기 때문이라고 한다. 아름다움을 조율해 내는 관계들, 즉, 별과 별 사이의 반짝임의 관계들, 해와 달과의 관계를 기하학적으로 연구할 수 있어야 한다고 했다.

노장사상의 최고 기반은 자연이다.

"인법지지법천천법도도법자연人法地地法天天法道道法自然."

즉 사람은 땅을 본받고, 땅은 하늘을 본받고, 하늘은 도를 본받는다는 것이다. 여기에서 하늘은 우주이다. 우주의 변하지 않는 질서를 본받는다는 것은 자연으로 돌아가는 것이다. 그것이 가장 자연적인 질서이자 인간이 추구해야 하는 도道와도 일치한다. 주역에서 보면 하늘과 땅 사이에 인간이 있다. 하늘 아래에 땅이 있고 땅 위에 사람이 존재한다. 하늘과 땅을 이어주고 소통하는 것이 바로 인간인 것이다.

인생을 좌우하는
디지털 평판

기성 디지털 이민자들은 효율성을 중시한다. 반면 이후 세대인 디지털 원주민들은 디지털이 삶 자체이고 절대적인 영향력을 발휘하는 것으로 여기기 때문에 디지털 평판을 중요시한다. 예전에는 사람들에게 물어 맛집을 찾거나 동네를 한 바퀴 돌다가 가장 큰 식당으로 들어갔다. 하지만 지금은 인터넷으로 맛집을 검색한다. 소비자의 입김이 세지면서 생산에도 적극적으로 개입하는 프로슈머Prosumer=Produce+Consumer들이 인터넷에 올린 정보를 참고하는 것이다.

페이스북은 구글의 검색엔진과 마찬가지로 개인의 활동, 성향, 만나는 사람, 주위의 인물들을 망라한다. 때문에 개인정보의 침해, 간섭 등을 이유로 페이스북을 하지 않는 사람들은 디지털 소통에서 마이너스 평판을 얻게 될지도 모른다. 채용시장에서도 페이스북과 같은 SNS를 통해 그 사람에 대한 정보를 얻는다. 페이스북이 평판을 좌우하는 시대가 되었다. 진학이나 취업에 있어서 온라인상에 남긴 흔적을 데이터 마이닝하여 평가한다. 이러한 관점에서 본다면 진학과 취업을 앞둔 사람들은 SNS에 남기는 내용에 신중을 기해야 할 것이다.

이러한 관점에서 최근 메시지를 확인했거나 메시지를 받은 뒤 일정 시간이 지나면 지워지는 타이머 기능을 가진 애플리케

이션들이 인기를 끌고 있다. 스냅챗이 미국의 10대들 사이에서 페이스북보다 인기가 많은 이유이다. 일본의 라인, 페이스북에도 타이머 기능이 속속 등장하고 있다.

혁신기업에서는 입사지망생들을 동일한 기준으로 '특정 기업', '특정 지구'에 맞는 좋은 직원이 될 수 있는지를 본다. 이를 위하여 '임플로이인사이트'는 학업 성취도가 아닌 온라인 설문조사를 기반으로 진실성, 감사할 줄 아는 마음, 창의성에 점수를 매기고 특수 알고리즘을 이용하여 개개인에게 알맞은 일자리를 소개한다. 앞으로 진학이나 진로를 선택하는 데 있어서도 지원자들을 잘 알 수 있는 곳은 그들이 사용한 소셜미디어가 될 것이다.

훌륭한 온라인 평판을 지닌 전문 종사자는 그렇지 않은 사람들보다 더 많은 일감을 얻을 수 있다. 스택 오버플로Stack Overflow 나 혹은 코더월Coderwall과 같은 사이트는 벌써부터 프로그래머의 평판을 매기기 시작했다. 이와 유사한 서비스를 제공하는 업체 클라우트Klout는 사용자가 SNS에서 얼마나 큰 영향을 지니고 있는지를 알려주기도 한다.

평판은 스스로 생산하는 텍스트, 이미지, 동영상인 만큼 주의가 필요하다. 한 번 찍힌 '낙인'은 부정적 평판으로 좀처럼 사라지지 않고 오용되기 때문이다. 디지털 평판사회에서는 이러한 부정적인 요소를 신중하게 관리하여 긍정적 정보만 남기도록 해야 한다. 그러기 위해서는 첫째, 긍정적인 정보를 남긴다. 둘째, 직장에서의 성공, 친구들과의 굳건한 신뢰, 바람직한 사회생활과 관련된 사진과 긍정적인 댓글을 꾸준히 노출한다. 셋째, 타인에 대한 칭찬은 아끼지 않고 자신에게는 겸손한 댓글을 단다.

요즘은 콘텐츠 장의사가 등장하고 과거의 콘텐츠나 댓글들을 지우는 직업이 떠오르고 있다. 또 SNS에 올린 자료를 보고 헤드헌터가 일자리를 제의해온다.

어떻게 살아왔는지, 어떤 성향을 지녔는지, 어떠한 것을 좋아하는지를 아는 데 페이스북이나 블로그만큼 좋은 자료도 없다. 따라서 어릴 때부터 성인이 되기까지 디지털 평판을 꾸준히 관리해야 한다. SNS가 한 사람의 인생을 좌우하는 시대에 인공지능의 빅데이터는 내가 뭘 했는지 똑똑하게 찾아낼 것이다.

고전에서 길을 찾다

일본 최초의 산문 소설이자 최고의 고전 작품인 『겐지 이야기源氏物語』는 궁정의 삶의 애환과 사랑 이야기를 그린 와카 형식의 작품이다. 인간의 운명을 깊고 예리하게 그려 내고 있는 점에서 완성도가 매우 높은 작품이다.

국문학자 모토오리 노리나가는 일본 고전문학에서 나타나는 슬픈 것도 아니고 기쁜 것도 아닌 쓸쓸하고 애달픈 심정들을 '모노노아와레'라고 했다. 최근에 개봉된 애니메이션 「너의 이름은」을 보면 무엇인가 기억이 나려고 하면서 눈물이 주르륵 흐르는데, 이런 감정이 모노노아와레일 것이다.

「너의 이름은」 작품의 감독은 「초속 5센티미터」로 더 잘 알려져 있다. 이 작품은 이토모리마치라는 시골 동네 신관의 손녀로 고등학생인 미츠하는 도시에서 아르바이트를 하며 생활하는 타키와 몸이 바뀌는 내용이다. 시골 여성과 도시 남성의 몸이 바뀌는 것이다. 지금은 영화의 인기에 힘입어 일본 도쿄의 신주쿠에서 기후 현의 히데지 역까지 직행버스가 운행되고 있다. 도쿄의 신주쿠는 물론 요요기 역 주변 또한 핫스팟이 되었다. 타키와 미츠하가 사용했던 스마트폰 앱 데이원Day One도 인기를 끌었다.

애니메이션의 인기로 등장하는 지역이 유명한 관광지가 된 사례는 많다. 「플란다스의 개」 주인공 네로는 꿈이 화가였는데 꿈에도 그리던 루벤스의 '성모 승천' 그림을 보고 쓸쓸히 죽어간다. 지금도 이 그림이 있는 벨기에 성모마리아 대성당을 찾아가는 사람들이 많다. 다카하타 이사오의 「빨강머리 앤」의 배경이 된 캐나다 동쪽의 섬 프린스 에드워드 아일랜드도 유명한 관광지가 되었다.

「너의 이름은」에서 미츠하의 집안은 대대로 실을 짜는 신사의 집안이다. 씨줄과 날줄이 서로 엇갈리며 천이 짜인다. 가로 방향인 씨줄은 동시대적인 상황, 세로 방향인 날줄은 과거와 현재를 잇는 것을 의미한다. 영화의 스토리를 이어가는 큰 줄기는 무스비(연결)이다. 달리 말하면 인연이라고 할 수 있다. 지금의

나는 과거의 인연이 연결되어 존재한다는 의미이다.

「너의 이름은」에는 '타소카레라(황혼)'를 언급한 만엽집의 한 문장이 나오는데, 이것은 이야기를 이끌어가는 중요한 소재이다. 밤과 낮을 이어주며 밤도 낮도 아니기에 서로 몸이 바뀌기도 쉬운 시간이며, 귀신이 장난을 치기에 좋은 시간이 바로 황혼 무렵이다. 일본어에서는 어둠이 깔려 상대가 보이지 않아 '누구야あそこはだれ'는 의미에서 황혼이라는 말이 나왔다. 공교롭게도 미츠하의 가족은 할머니가 히토하, 어머니가 후타바, 큰딸이 미츠하, 여동생이 요츠하로 이름에 모두 '하葉'가 들어 있다.

신카이 마코토 감독은 전공이 국문학이다. 국문학자가 컴퓨터그래픽으로 애니메이션을 혼자 만든 것은 놀라운 일이다. 탁월한 문학적 감수성으로 그의 그래픽은 마치 하나의 세계명작을 읽는 듯한 색을 컴퓨터로 표현해낸다. 그의 작품 속에는 문학, 감수성, 컴퓨터 그래픽과 철저한 과학적 앵글이 숨어 있다. 그림을 그리는 애니메이터였다면 이러한 작품을 그려내기 쉽지 않았을 듯하다. 앞으로는 더욱 많은 재능과 융합된 지식들이 필요한 시대가 될 것이다.

일본의 고전문학에는 다양한 소재들이 무수히 많이 존재한다. 고전과 현대가 떨어져 있는 것이 아니라 우리 생활 속에 그대로 녹아 있기 때문이다. 따라서 비록 최첨단 기술로 움직이는 현대이지만 고전을 많이 아는 사람이 유리할 수밖에 없다. 게임은 물론 디자인, 스토리 등 많은 것이 고전의 소재에서 비롯되었다. 소니, 파나소닉, 샤프, 캐논, 니콘, 닌텐도, 포켓몬 등 첨단 제품과 게임 산업은 끊임없이 전통과 현재의 기술을 접목하면서 발달해 왔다. 이처럼 현재와 미래를 연결하려는 시도는 인류가 생존하는 동안은 계속될 것이다.

PART 3

일상의
소소한 아이디어

아이디어는 우리의 생각에서 나온다. 하지만 그 생각들을 끄집어내는 곳은 우리의 뇌가 아니라 생각들이 살아 숨 쉬는 도서관이다. 도서관은 위대한 아이디어의 보물 창고이다. 많은 돈을 들이지 않고도 위대한 아이디어를 끄집어내는 방법은 바로 훌륭한 도서관을 많이 만드는 것이다.

인간은 의욕을 갖고
창조하는 것에 의해서만 행복하다.
알랭

사라져가는
키보드 단축키에 대한 단상

키보드는 컴퓨터를 작동하기 위한 입력 도구로써, 특히 단축키를 사용하면 마우스로 클릭하는 것보다 훨씬 더 빠르고 효율적으로 작업할 수 있다. AI 시대에는 더 이상 키보드가 필요하지 않을 수도 있다. 손으로 일일이 입력할 필요 없이 음성이나 뇌파로 입력이 완성된다면 키보드는 더 이상 필요 없게 된다. 하지만 그때까지는 여전히 키보드가 존재할 것이다. 조금씩 사라져가는 키보드 단축키를 통해 인생의 작은 법칙들

을 살펴보자.

　대표적인 단축키 'Ctrl+A'는 문서나 현재에 보이는 화면에 있는 내용의 전체를 선택하는 작업을 수행한다. 현재의 상황이나 문제의 해결점이 보이지 않을 때는 전체 속에서 하나하나의 개체를 보아야 한다. 'Ctrl+C'는 선택한 것을 복사한다. 그동안 쌓아온 경험과 어려웠던 상황을 헤쳐 나온 방법들을 복사해 두었다가 비슷한 상황에 부딪히면 'Ctrl+V'를 수행해 붙여넣기를 한다. 잘못 실행한 것들은 깨끗이 지우고 새롭게 시작하는 편이 나은데, 그럴 때는 'Crtl+N'을 실행해 새 창을 열어보자.

　잘못 입력해서 방금 전의 상황으로 되돌아가야 할 때는 'Ctr-

l+Z'를 실행한다. 잘못된 길로 가고 있다면 망설이지 말고 더 늦기 전에 되돌아가서 다시 시작하는 것이 좋다. 너무 멀리 가버리면 돌이킬 수 없기 때문이다.

학창 시절에는 공부를 하고 20대가 되면 사회생활을 할 준비를 해야 한다. 'Back space'나 'Delete' 키로 하나씩 수정하는 것이 아니라 상처와 아픔의 흔적들이 더욱더 완벽한 문장을 만들어간다. 학창 시절에는 'Alt+Tab'과 같이 많은 선택을 할 수 있는 경험과 연습을 해야 한다. 우리의 삶은 Ctrl+Z로 되돌아가거나 Ctrl+C로 멋지고, 아름답고, 행복한 나날을 복사할 수 없다. 그야말로 Enter 키 하나뿐인 삶이다.

아이디어가
살아 숨 쉬는 도서관

고대 이집트 알렉산드리아에는 세상에서 가장 큰 도서관이 있었다. 기원전 3세기경에 건립된 이 도서관은 로마가 이집트 점령 후 만든 것으로 로마의 지식과 학문의 중심 역할을 했다. 도서관에는 정원, 공동식당, 독서실, 강의실, 집회실 등이 있고 신간도서의 관리와 책을 분류하는 부서가 따로 있었다. 이 도서관에는 70만개의 문서와 10만개가 넘는 책이 보관되어 있었던 것으로 추정된다.

지인 중 한 사람은 책을 읽기 위해 한국에서 매달 일본의 다

이칸야마 서점에 간다고 한다. 우리나라에도 이처럼 멀리에서도 고생을 마다하지 않고 찾는 그런 도서관이나 서점이 있을까?

헤밍웨이가 자주 찾았던 프랑스 파리의 '셰익스피어 앤드 컴퍼니Shakespeare & Company'는 숙식까지 할 수 있는 서점이다. 모퉁이에 있는 이 서점은 오늘도 전 세계의 사람들이 일부러 찾는 곳이다. 우리의 도서관에도 이런 스토리가 있는 도서관들 생겨났으면 하는 바람이다.

책은 현재의 삶과 과거의 삶을 연결하고 보다 나은 미래를 여는 강력한 미디어이다. 그 미디어가 저장된 공간이 바로 도서관이다. 하지만 안타깝게도 요즘 도서관 풍경을 보면 단지 시험기간에 공부를 하러 찾는 장소에 지나지 않는다. 공부를 하는 것과 책을 읽는 것은 엄연히 다르다. 우리나라 사람들은 책을 읽기 위해 도서관에 가는 것이 아니라 책을 들고 스타벅스로 간다. 그곳은 음악이 흐르고 진한 커피 향기를 맡으며 편안한 분위기에서 읽을 수 있기 때문이다. 다수의 사람들이 책 읽는 공간으로 카페를 찾는 현상을 분석해 보면 앞으로 도서관이 나아가야 할 방향을 알 수 있다. 바로 향기롭고 아름다운 도서관을 만들어야 한다는 것이다.

많은 사람이 찾는 아름다운 도서관을 머릿속에 그려본다. 도서관과 함께 나란히 카페가 있고 또 그 옆 헌 책방에서는 책을 사려는 사람과 책방 주인이 이야기를 나눈다. 우리는 대기업이나 부자들이 아름답고 우아한 도서관을 만들었다는 이야기를 들어본 적이 없다. 그러면서도 옥스퍼드 대학교나 케임브리지 대학교와 같은 고풍스러운 도서관을 부러워만 할 뿐이다.

가장 적은 비용으로 한 집단 혹은 한 나라를 교양이 풍부한 나라로 만들 수 있는 가장 빠른 방법 중 하나가 독서이다. 독일 프리드리히 2세 또한 국민에게 책을 읽도록 독려했으며, 세종대왕은 백성들이 책을 쉽게 읽을 수 있도록 한글을 만들었다.

위대한 아이디어는 우리의 생각에서 나온다. 하지만 그 생각들을 끄집어내는 곳은 우리의 뇌가 아니라 생각들이 살아 숨 쉬는 도서관이다. 도서관은 위대한 아이디어의 보물 창고이다. 많은 돈을 들이지 않고도 위대한 아이디어를 끄집어내는 방법은 바로 훌륭한 도서관을 많이 만드는 것이다.

역사를 바꾼 홍차

중국 윈난성의 차나무에서 딴 잎으로 만든 차를 '테이Tei'라고 불렀다. 이것을 네덜란드의 동인도 주식회사가 'thee'로 변형해서 유럽에 전파했고, 1630년대 중엽부터 프랑스, 독일, 네덜란드 그리고 영국으로 확산되었다.

차는 한국, 중국, 일본, 대만 등 동아시아에서는 녹차를 마시지만, 세계 차 생산의 65%를 차지하는 것은 홍차이다. 차tea라고 하면 아시아 이외에서는 일반적으로 홍차를 말한다.

근대부터 홍차의 수요가 급증하면서 미국 독립전쟁이나 중국

아편전쟁 등 역사적으로 중요한 사건의 원인으로 작용하기도 했다. 영국이 홍차에 대한 관세를 올리자 미국이 불만을 품었다. 여기에서 그 유명한 "대표 없는 곳에 과세 없다No taxation without representation."라는 말이 생겼다. 이에 미국이 보스턴의 항구에서 홍차를 불태운 것이 독립전쟁의 도화선이 됐다. 차 재배는 중국이 독점하고 있었는데 영국인들이 차를 많이 마시면서부터 수입량이 급증했고, 중국에 차값을 지불할 방법이 마땅치 않아 아편을 재배하여 팔기 시작한 것이 아편전쟁의 발단이다.

차의 역사는 5000년에 이르지만 홍차의 역사는 지금으로부

터 400년 전인 1600년 중국 푸젠성으로 거슬러 올라간다. 첩첩
산중 동목촌 마을 사람들이 소나무 연기와 열풍으로 찻잎을 말
린 것이 홍차의 유래가 되었다. 또 17세기 차를 선박으로 옮기
는 과정에서 적도의 뜨거운 태양열로 인해 녹차가 자연 발효되
어 홍차가 되었다는 설도 있다.

일본에서는 다도를 차노유茶の湯라고 하는데, '뜨거운 물에 차
를 담근다'는 뜻이다. 9세기 중국을 방문한 일본인 승려가 중국
에서 다도를 배워오면서 시작되었는데, 16세기 센노 리큐가 불
교, 신도, 유교에 기초한 조화, 존중, 순수, 평온과 같은 다도의
지침과 정신을 구축했다.

차는 종류, 마시는 사람, 공간의 분위기도 다르기 때문에 어떤
다도도 같은 것이 없다고 하는데, 이를 이치고 이치에 一期一会라
고 한다. '일생에 단 한 번만 만날 수 있는 소중한 인연'으로 최
선을 다하라는 의미이다. 일본인들이 사람을 대하는 태도를 차
도에서 알 수 있다.

몰입의 법칙

미하이 칙센트미하이는 삶을 훌륭하게 만드는 것은 행복감이 아니라 몰입이라고 했다. 몰입 뒤에 느끼는 행복감이 우리의 의식을 고양시킨다. 몰입 이론의 창시자 칙센트미하이는 몰입을 플로flow라고 했다. 자유롭게 하늘을 날아가는 느낌이거나 물이 흐르는 것처럼 편안하고 자연스러운 행동으로 몰입이 이루어진다는 뜻이다. 예를 들어 스키를 타고 산비탈을 질주할 때 몸의 움직임, 스키의 위치, 얼굴을 스치는 공기, 눈 덮인 나무에 집중하면 다른 생각이 들지 않는다. 조금이라도 흐트러지면 넘어지기 십상이기 때문이다. 그는 분명한 목표와 즉각

적 피드백, 그리고 도전 과제와 능력의 비율이 몰입의 3대 요소라고 했다.

분명한 목표: 언제, 어디에 주의를 집중해야 할지를 말한다. 분명한 목표는 더 큰 목표를 달성하는 데 필요한 작은 단계이다. 지금 무엇을 하고 그다음은 무엇을 해야 할지 알면 더욱 집중할 수 있고, 동기도 강해져서 관련 없는 것들에 대한 생각은 멀어진다. 그 결과로 행동과 의식이 일치하여 더 깊이 빠져들게 된다. 이러한 작은 목표는 실현 가능한 것으로 설정해야 한다.

즉각적 피드백: 원인과 결과를 이어주는 고리로서 분명한 목표와 연결되어 있다. 어떻게 해야 잘하고, 어떻게 해야 성과를 높일 수 있는지 즉각적으로 알 수 있다면 그 일에 더욱 집중할 수 있다. 탄탄한 피드백 고리를 잡아야 몰입할 수 있다는 뜻이다.

도전 과제와 능력의 비율: 몰입의 심리적인 요소라고 할 수 있다. 과제의 난이도와 수행하는 능력이 특정한 관계에 있을 때 주의력이 집중된다. 너무 어려운 도전 과제에는 두려움이 따르고, 너무 쉬운 과제에는 주의를 기울이지 않게 된다. 몰입은 지루함과 불안의 중간선상에서 일어나는데, 이것을 몰입 채널이라 부른다. 최대한의 노력을 기울여야 할 만큼 어려우면서도 포기하지 않을 정도로 느껴지는 지점이다.

출처-『몰입의 경영』

정신과 의사 네드 핼로웰Ned Hallowell은 몰입에 도달하려면 위험을 기꺼이 감수해야 한다고 한다. 연인들은 사랑을 위해 위험을 감수하고, 운동선수들은 다칠 위험을 감수하고, 살아가면서 실패할 위험, 바보처럼 보일 위험, 쓰러질 위험 등을 감수해야 한다. 즉, 진취적으로 실패하라는 것이다. "빠르게 움직이고, 돌파하라Move fast, break things!"는 페이스북의 기업문화는 몰입과 같은 맥락이다.

낯설고 예측 불가능하며 복잡한 것은 위험과 마찬가지로 우리의 주의를 사로잡는다. 무엇인지 의문을 갖게 되고, 무슨 일이 일어날지 주의를 기울이게 되기 때문이다. 새로운 환경에 노출될수록 집중력이 높아지는 것도 그 때문이다.

모든 감각이 열려 있을 때 우리는 더욱 쉽게 몰입한다. 그런 의미에서 몬테소리는 직접 경험하고 배우는 것을 강조한다. 등대에 대해 알아보고 싶다면, 책이나 그림으로 등대를 보는 것이 아니라 직접 등대를 만들어보는 것이다. 머리뿐만 아니라 손과 발 등 모든 감각을 사용함으로써 집중하게 된다. 직접 경험하고 배우는 것이 중요한 이유이다.

사이렌의 유혹, 커피

"지옥처럼 검고, 죽음처럼 강하며, 사랑처럼 달콤하다."

커피에 관한 터키의 속담이다. 커피는 카파kaffa라는 지역에서 유래했는데, 유럽에 전해지면서 지금의 커피라는 단어가 생겨났다.

아프리카 에티오피아의 아비시니아 고원에서 양치기 소년 칼디는 어느 날 열매만 먹으면 흥분하는 양을 발견한다. 소년도 그 열매를 먹어보니 피로감이 사라지고 기분이 좋아지자 마을의 이슬람 승려에게 알려주었다. 이후 커피를 마시면 졸음도 사라

지고 정신이 맑아진다는 이야기가 퍼지면서 기도할 때 사용하기도 했다.

17세기 중반 교황 클레멘스 8세 때 기독교인들은 대중들이 커피에 중독되는 것을 못마땅하게 여겨 "악마의 음료를 금지해 달라"고 교황에게 요청했다. 하지만 교황은 "커피에 세례를 베풀어 악마의 콧대를 꺾겠다"며 커피에 세례를 주었다. 이후 교황의 공인하에 유럽 전역에 커피하우스가 생기고 유럽인의 일상에 자리 잡게 되었다. 그들은 커피를 아라비아 와인이라고 부르며 즐겨 마셨다.

고종황제의 커피 시중을 들던 독일 국적의 프랑스인 손탁이 우리나라 최초의 카페를 열었다. 공식 문헌에 따르면 고종은 1896년 아관파천 때 러시아 공사관에서 커피를 처음 맛보았다고 한다. 일본은 1877년 네덜란드에 의해 전해져 이노우에가 첫 카페를 열었다.

커피의 대명사는 뭐니 뭐니 해도 스타벅스이다. 초록색 물고기 요정과 별이 그려진 로고가 전 세계 커피 애호가들을 유혹한다. 스타벅스라는 이름은 허먼 멜빌의 『모비 딕』에 등장하는 고래잡이 배 피쿼드Pequod호의 일등 항해사 '스타벅Starbuck'에서 따온 이름이다. 소설에서 스타벅은 항해 중 커피를 자주 마시고,

뱃머리에는 그리스 신화에 등장하는 바다의 요정 사이렌의 모습이 있다.

얼굴과 몸은 아름다운 여자의 모습이지만 하반신은 물고기의 모습을 한 바다의 요정 사이렌, 그녀의 아름다운 노랫소리로 수많은 뱃사람을 홀려 죽게 만들었다고 한다. 『오디세이』에서 오디세우스가 트로이 전쟁을 마치고 배를 타고 고향으로 돌아갈 때 사이렌의 노랫소리에 귀를 틀어막고 자신의 몸을 기둥에 꽁꽁 묶어서 사이렌의 유혹을 피했다고 한다.

스타벅스는 광고를 하지 않는다. 하지만 우리는 사이렌에 홀린 뱃사람들처럼 스타벅스를 찾는다. 책을 읽거나 음악을 듣는 휴식의 공간으로는 더할 나위가 없다. 스타벅스 사이렌의 유혹을 좀처럼 떨쳐내기가 어렵다.

노인들의 친구, 로봇

이스라엘의 로봇 기업 '인튜이션 로보틱스'는 노인과 대화하는 인공지능 로봇 엘리큐ElliQ를 출시했다. 엘리큐는 노인들이 사회적 고립감을 느끼지 않도록 대화를 하거나 약 복용을 때에 맞춰 알려주거나 노인들이 적극적인 활동을 하도록 유도한다. 엘리큐는 다양한 언어 톤, 보디랭귀지로 풍부한 감정을 전달할 수 있고, 독서, 산책, 게임 등을 권유하거나 지인들에게 전화를 걸게 도움을 준다. 특히 주인이 좋아하는 것을 배우기 위해 자신의 프로그래밍을 맞춤형으로 맞춰나가는 것이 특징이다.

영국의 대표적인 시니어 커뮤니티 사이트 '에이지UK'에 의하

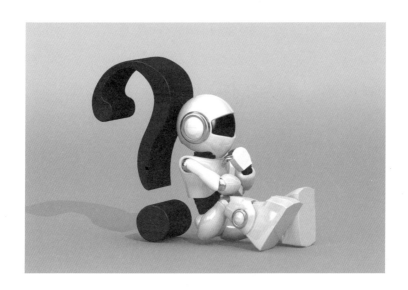

면, 75세 이상 인구의 절반이 홀로 살고 있으며, 백만 명이 넘는 사람들이 늘 외롭다고 느낀다. 또 이 중에서 36%는 하루에 한 명 미만의 사람과 대화를 나누며, 11%는 한 달에 5일은 누구도 만나지 않았다. 노령 인구의 절반을 차지하는 65세 이상 영국인의 49%가 TV나 애완동물과 상호작용을 하고 있다. 미국 하버드 의대 연구팀은 반려동물을 키우는 그룹의 노인과 그렇지 않은 노인들을 대상으로 추적조사를 했다. 그 결과는 반려동물을 키운 노인이 그렇지 않은 노인들보다 수명이 더 연장된 것을 확인하였다.

『퓨처싱크』의 저자 에디 와이너는 인공지능과 함께 로봇의 감정표현 능력이 비약적으로 발전할 것이라 한다. 이런 변화는 '메타 공간 경제'에 속한다. 와해성 신기술 덕분에 효율성이 증대해서 수많은 변화가 누적되고 메타 공간 경제가 창출되는 것이다. 메타 공간 경제는 디지털 경제의 무형 자산이 주도한다. 이 새로운 세계에서 미래의 일자리가 창출되고 소비가 이루어질 것이다.

노인 도우미 로봇은 심부름, 보행 보조, 마사지, 찜질 등을 할 수 있는 '신체 보조', 날씨, 기온, 뉴스 등의 관심사와 하루 일정을 알려주는 '정보제공', 맥박이나 체온을 체크하고, 치매 예방 교육, 보청기 기능, 기초 의료를 수행한다. 그리고 물건의 위치를 알려주거나 책을 읽어주고, 가족들에게 현재 위치를 알려주는 능력까지 갖추고 있다.

요양병원의 뇌손상 환자들을 위해 개발된 심리치료용 로봇 파로는 후쿠시마 원전 때 이재민들의 불안한 마음을 달래는 역할을 수행했다. 치매 노인들을 위한 파를로라는 로봇은 다양한 패턴으로 맞장구를 치면서 할머니, 할아버지들과 대화를 나눈다.

2016년 일본 소프트뱅크사에서는 가정용 로봇 페퍼를 만들어 간병복지 시설에 투입하는 실험을 하였다. 올해 초에는 가정용 앱을 만들어 이 페퍼가 TV, 에어콘, 생활가전을 조작하거나 장착된 카메라로 어린이나 노인이 집에 있을 때 유용하게 사용한다.

급속한 핵가족화와 급변하는 사회로 인해 젊은 세대와 노년 세대의 의사소통이 단절되고 있다. 기대수명은 점점 늘어나고 젊은이들은 아이를 낳지 않는 초고령화 사회에 접어들면서 노인들은 점점 설 자리를 잃어가고 있다. 이제 자식이 부모를 부양하는 시대가 아닌, 같은 일자리로 두고 자식과 부모가 경쟁해야 하는 시대로 진입했다. 그렇지만 젊은이와 노인은 서로 보완할 수 있는 존재이다. 길잡이를 앞세우고 길을 가는 사람들은 갈림길이나 사거리에서 헤매지 않는다. 여러 갈래의 길 중에 어느 길이 더 안전하고 편안한지는 그 길을 가본 사람이 가장 잘 알고 있다. 우리 사회에서 노인들은 이처럼 삶의 길잡이가 되어야 한다. 그리고 노인들은 젊은이들에게 권위를 내세우는 것이 아니라 새로운 기술과 가치관을 젊은이로부터 배우려는 자세가 필요하다. 이것이야말로 서로가 공존할 수 있는 길이다.

초고령화와 인구 감소로 인해 미래의 노인들은 인간보다는 로봇과 인공지능에 의지해야 할 것이다. 하지만 4차 산업혁명과 함께 상호 대화 인식형 로봇이 나온다 하더라도 그것을 조정하는 것은 인간이다. 미래도 결국은 인간이 만든다. 미래 산업이 인간의 철학이 가미된 인문학적 사고가 기반이 되어야 하는 이유이다.

모차르트 효과

무라카미 하루키는 『직업으로서 소설가』에서 유독 음악을 좋아한다고 밝혔다. 음악 중에서도 재즈를 중심으로 음악의 다양한 변화에 따라 글을 써내려간다. 그는 글쓰기를 시작하기 전에 가장 먼저 음악을 튼다. 그의 작품 곳곳에서 클래식, 팝, 재즈 등의 음악 관련 내용을 찾아볼 수 있는데, 아마 그의 마르지 않는 영감의 원천은 음악이라고 해도 과언이 아닌 것 같다.

영화, 종교, 문학, 음악 등은 심리 치유의 기능을 갖고 있다. 음악이 태교에 좋다고 임산부들에게 '모차르트' 음악이 유행한

적이 있다. 아인슈타인도 머리를 식힐 때는 모차르트의 음악을 들었다고 한다. 음악은 교감신경을 활성화해 자율신경의 균형을 맞추고 스트레스 호르몬을 떨어뜨린다. 이를 소위 '모차르트 효과'라고 한다. 모차르트의 「아이네 클라이네 나흐트 무지크Eine Kleine Nachtmusik」 4악장은 분노를 누그러뜨리고 기분을 상쾌하게 만든다.

음악의 시초는 원시시대 때 제사를 주관하는 주술사들이 물건을 두드려 소리를 내고 춤으로 신과 소통한 것이 시초가 되었다. 이러한 일련의 동작들이 감정을 완화하고 자극을 줌으로써 자기표현, 내적인 갈등을 승화해 정신적 · 신체적으로 건강을 유지해준다.

미국의 외과의사이자 롱아일랜드 파인스타인 의학 연구소의 케빈 트레이시는 소리의 긍정적 효과를 연구했는데, 미주신경을 활성화하면 스트레스를 일으키는 소음과 같은 소리를 부드럽고 사랑스러운, 마치 사람이 칭찬하고 격려해주는 소리로 바뀌어 마음이 차분해지고 면역 체계에도 영향을 미친다는 것을 밝혀냈다.

플로리다의 호스피스 센터에서는 죽음을 앞둔 환자들에게 가족들이 직접 노랫말을 쓴 노래를 부르게 했는데, 그것을 들은 환자들은 극심한 스트레스와 불안감에서 벗어났다고 한다.

음악은 식물에도 영향을 미친다. 시들게 할 수도, 무성하게 잘 자랄 수도 있게 한다. 식물에 음악을 들려주면 색이 고와지고 맛과 향도 신선해진다는 것이다. 『그린 음악 농법』의 저자 이완주 박사는 식물들도 소리를 듣는데 세포벽은 소리의 파동을 감지하여 이를 안쪽 세포막에 전달해 준다는 것이다. 세포도 음악과 소음을 구별할 줄 안다는 것이다. 요즘은 가축을 키우는 농장에서 음악을 틀어놓기도 한다.

시크릿 가든의 「유 레이즈 미 업You Raise Me Up」은 바쁜 일상에서 잃어버린 자아를 발견하는 데 도움이 된다. 바흐의 「G선상의

아리아」는 불안하거나 우울할 때 들으면 마음의 평화와 안정을 찾는다. 막스 브루흐의 「스코틀랜드 환상곡」은 기나긴 겨울 차가운 공기로부터 몸과 마음을 가라앉힌다. 사라 맥라클란의 「에인절Angel」 역시 불안과 우울에서 벗어나 안정된 기분을 북돋운다. 생상스의 「동물 사육제」 중 '백조'는 평안함, 안정감을 불러일으킨다.

불가리아 로자노프 박사의 '암시적 학습Suggestopaedia'은 배경음악을 통한 이완된 마음으로 학습 동기를 부여한다. 음악을 들으면 정보의 흡수력, 보존력, 복구력에 도움이 되기 때문이다. 로자노프 박사는 바하의 '브란덴 부르크 협주곡' 전곡, '오르간 환상곡' G장조, '환상곡' C단조, 베토벤의 '황제 협주곡' 5번, 바이올린 협주곡 D장조, 헨델의 수상음악Water Music, 하이든의 '바이올린 협주곡' 1번과 2번, '교향곡 101번' 시계, '교향곡 94번' G장조를 추천한다.

천재 아인슈타인은 음악에 조예가 깊었던 어머니의 영향으로 여섯 살 때부터 바이올린을 배웠다. 바이올린을 배운 지 7년 만인 열네 살에 음악에서 수학적 구조를 깨달았다고 한다. 연주회를 가질 정도로 뛰어난 바이올린 실력을 가졌던 아인슈타인은 망명 생활과 연구에 지칠 때마다 바이올린을 켜며 마음의 위안을 얻었다.

음악은 영화나 드라마, 광고에서 공감각적 이미지를 창출해 내어 감동을 극대화하므로 미디어에서 음악은 무엇보다 중요한 요소이다. 음악을 들으면 영화나 드라마의 한 장면이 자연히 떠오른다.

취리히 대학교의 앙케 교수는 피아니스트의 뇌는 활발하게 움직이지 않고도 복잡한 손가락의 움직임이 가능하도록 되어 있다고 한다. 일반인이 어려워하는 움직임에 대해서도 많은 신경세포가 활발하게 움직이지 않고도 처리할 수 있는 '에너지 절약'을 소유하고 있다는 것이다. 음악을 직접 연주하면 뇌의 더욱 넓고 깊은 영역에서 평안한 기분이 솟아오른다.

요즘처럼 음악을 쉽게 접할 수 있는 시대도 없었다. 스마트폰만 있으면 언제 어디서나 애플뮤직, 구글뮤직, 판도라, 멜론과 같은 음악 스트리밍 서비스를 이용해 음악을 들을 수 있다. 더구나 인공지능이 자신에게 맞는 노래를 선곡해서 들려주기도 한다.

인공지능이 음악을 작곡가만큼 잘 만드는 시대가 왔다. 작곡가는 인공지능의 도움을 받아 더욱 새롭고 창조적인 음악을 만들게 될 것이다. 인공지능 기술의 발달과 더불어 학습에도 더욱 도움이 되고 치유에도 탁월한 음악이 많이 나오기를 기대해 본다.

스스로 달리는 자동차

마차를 타던 시대에 처음 자동차가 거리를 달리기 시작했을 때 미국의 마차협회는 자동차 공장을 습격하는가 하면 말이 놀란다는 이유로 도로 주행을 막기도 하며 방해했다. 자동차를 만든 이는 독일 만하임의 카를 벤츠라는 인물이다. 철도기관사의 아들이자 대장장이의 손자로 태어난 벤츠의 핏속에는 엔진 기술이 숨 쉬고 있었다. 1844년에 태어난 벤츠는 서른 살의 나이에 가스 엔진을 제작했다. 동업자 에밀 뷜러는 말을 사용하지 않는 일에 자금을 투자하지 않겠다고 반대했다. 새로운 동업자 막스 로제도 처음에는 말을 이용하지 않는 것에 회의적이었다가 실험을 위한 명목으로 자금을 투자했는데, 이것이 자동차를 만드는 바탕이 되었다.

존 닉슨은『자동차의 역사』에서 이렇게 말했다.

"1885년 봄에 탈것은 시험 운행의 만반의 준비를 끝냈다. 벤츠는 이것을 몰고 제작소 주변을 한 바퀴 돌았다. 그의 아내와 아들들이 이 역사적 사건을 지켜보았다."

처음에는 도로에 몰고 나갈 정도의 수준은 아니었고 만하임 주변을 정지하지 않고 두 바퀴 도는 정도였다. 매일 밤 벤츠는 동승자를 태우고 멈출 때까지 자동차를 달렸다. 1886년 6월 4일 마침내 정지하지 않고 도는 데 성공했다. 존 닉슨은 이를 증기기관차를 발명한 조지 스티븐슨의 업적에 비견된다고 했다.

당시 자동차가 마을을 지나가면 아이들은 "마녀의 수레, 마녀의 수레!"라고 외쳤다. 언론과 지방정부도 자동차에 비판적이었다. 질투심, 기술에 대한 근본적인 적대감, 지성인들의 섬세하고 미학적인 비판, 경치와 아름다운 자연을 보호하겠다는 자연주의자들의 반대, 경쟁자들의 방어 등이 그 이유였다. 농부들과 시골 주민들은 자신들의 생활공간을 침해한다는 생각에 완력으로 저항했다.

헤르만 헤세는『황야의 늑대』의 「자동차 사냥」에서 자동차를 향한 발사와 보행자를 치는 행동은 "오래전부터 준비되고 우려

되었던 것이며, 마침내 인간과 기계 사이의 폭넓은 투쟁의 일부분"이라고 했다.

우리나라에는 1903년 고종황제 즉위 40주년 기념으로 선교사 알렌이 포드 모델 A승용차를 들여왔다. 배를 통해 인천으로 들어와 궁궐까지 도착하는데 수개월이 걸렸다고 한다. 하지만 시끄럽고 가벼워 보이는 자동차가 왕의 위엄을 떨어뜨린다 하여 임금님 행차에 사용하지 않고 궁내에서 구경거리로 전락하고 말았다.

벤츠는 지난 2015년 CES에서 자동항법장치를 장착한 자동차를 소개했다. 애플은 카플레이, 구글은 안드로이드오토로 스마트 디바이스와 연결한 무인 자동차를 선보였다. 머지않아 직접 운전하지 않아도 목적지까지 데려다주는 자율주행자동차가 거리를 달리는 시대가 올 것이다.

무인전기자동차의 대명사로 급부상한 테슬라 자동차의 엘론 머스크는 스스로에게 질문을 던졌다. '세상을 위해 내가 무엇을 해야 하지? 그런 의미에서 자동차 문제와 지구 온난화 문제를 해결하고 우주에다 식민지를 개척해야겠다'라고 말했다.

얼마 전 청소기 업체 다이슨이 전기자동차 사업에 진출한다고 선언했다. 청소기의 핵심은 강력하고 내구성이 강한 모터가 생명이다. 그 모터를 가진 청소기 업체 다이슨은 그 모터를 이용해서 세계 최고의 청소기에 맞는 전기차를 만들려고 한 것이다. 발상의 전환은 이 시대의 큰 요구이다.

벤치(bench)와
뱅크(bank)

　　미국의 콜럼버스 박물관에는 콜럼버스가 수없이
읽은 『마르코 폴로 여행기』가 보존되어 있다. 그는 일확천금을
얻기 위해 목숨을 걸고 대서양을 건넜다. 그가 가려고 했던 곳은
인도였고, 죽을 때까지 자신이 발견한 곳이 인도라고 믿었다. 하
지만 콜럼버스가 도착한 곳은 신대륙의 작은 섬(지금의 미국 플로
리다 주)이었다.

　　당시 유럽인들은 인도에서 생산되는 비단과 향료에 큰 매력
을 느꼈다. 이러한 상품은 대부분 실크로드가 장악하고 있었기
때문에 아라비아 상인들에게 엄청난 돈을 주고 구입해야 했다.

하지만 종교적 이유로 아랍 지역을 지나가기는 불가능했다. 콜럼버스는 낙타 대신에 배를 타고 대서양을 건너면 인도와 중국에 빠르게 도착할 수 있다는 확신이 있었다.

콜럼버스의 항해의 목적은 '황금의 나라'를 발견하는 것이었지만, 종교적 신념도 있었다. 무슬림을 몰아내고 시베리아 반도를 통일하고 에스파냐 제국을 건설한 페르난도와 이사벨 왕 부부의 종교관과도 일치했다. 이슬람교도의 방해를 받지 않고 인도와 중국과 교역하고자 하는 것 또한 목적의 일부였다. 에스파냐로 돌아온 그는 원하는 만큼은 아니었지만, 황금을 가지고 왔다는 것만으로 전 유럽은 흥분의 도가니였다. 이 새로운 항로의 개척은 유럽인들에게 충격과 새로운 욕망을 불러일으켰다.

1545년에 유럽인들은 페루의 포토시(지금의 볼리비아)에서 엄청난 은광을 발견했다. 포토시에서 발견된 은은 유럽으로 유입되어 유럽의 가격 혁명을 불러일으켰다. 그 후 마젤란은 태평양 항로를 발견하면서 직접 필리핀으로 은을 운반했고, 이 은이 동방무역의 주요 수단이 되었다. 은은 마침내 중국으로 유입되어 중국의 화폐제도가 붕괴되기에 이른다. 유럽에서 금 1킬로그램을 은 12킬로그램으로 바꿔 중국에 들여오면 1.5~2배의 이익을 남길 수 있었다. 또한 중국에서 금을 구입한 후 유럽에 되팔면 더 큰 이익을 볼 수 있었다. 귀한 은은 화폐인 동시에 상품 그 자체였다.

유럽은 인도와 동남아시아에서는 향신료, 중국에서는 비단, 도자기, 차를 구입하기 위해 막대한 은을 소비했다. 덕분에 해상 운송이 엄청난 규모로 성장하게 되었다. 너도나도 배를 만들고 선원들을 모아 동양으로 떠났다. 이러한 풍경은 셰익스피어의 『베니스의 상인』에도 잘 나타나 있다. 유럽인들은 무역선을 타고 도자기와 비단을 구입하기 위해 끊임없이 중국을 찾았다. 당시 유럽인들은 남미에서 약탈한 은을 가지고 중국에 와서 엄청난 양의 물품들을 구입했다.

이러한 해상무역으로 인해 발달한 것이 보험이다. 이탈리아의 제노바, 피사, 베네치아 등 상업도시에서 프란시스코 디 마르코 다티니Francesco di Marco Datini 등의 상인이 해적이나 자연재해에 대비한 해상 보험을 인수한 것이 그 시초이다. 이러한 보험이 대규모 선단을 만들고 대항해 시대를 이끌었으며, 이후 영국을 중심으로 급격히 성장했다.

대금 결제와 위험 대응의 필요에 의해 근대적인 은행업과 보험이 탄생했다. 1609년 유럽 최초의 중앙은행인 네덜란드의 비셀방크가 생겼다. 1610년에는 암스테르담에 증권거래소가 등장

했다. 17세기 후반에는 선물, 옵션, 액면분할 등 21세기 주식시장에 쓰이는 용어들이 생겨났다.

은행을 뜻하는 뱅크bank는 이탈리아어 방카banca에서 유래한다. 방카는 '벤치'라는 뜻을 가지고 있다. 15세기 프랑스 리옹에서 열린 국제시장에서는 각국의 특산물들을 판매했는데, 문제는 환전과 환율이었다. 스웨덴의 달러, 이탈리아의 피오리노, 프랑스의 프랑 등 서로 다른 화폐 체계 때문이다. 그래서 거래를 마친 상인들은 벤치에 앉아 조정자에게 조정을 맡겼고 조정자는 문제를 해결해주고 수수료를 받았다. 여기에서 뱅크라는 말이 생겨났다.

세계최대의 은행 INGInternationale Nederlanden Groep는 네덜란드 암스테르담에 본사를 두고 있다. 이 그룹은 우체국에 가지 않아도 집에서 웹캠으로 계좌를 개설하고 스마트폰 결제 시에도 보안

카드와 비밀번호가 필요 없이 지문만 있으면 된다. 135년 역사를 가진 ING 그룹은 디지털 혁신으로 차별화 전략을 펼쳤는데, 슬로건은 '앞서 생각하기 전략Think Forward Strategy'이었다. 새로운 땅을 개척했던 선조들의 깨어 있는 생각을 이어받은 것이다.

랄프 해머스 ING 그룹 회장은 고객이 온라인으로 업무를 볼 때 클릭 수를 2개 줄이면 축하 파티를 연다고 했다. 고객이 대출을 신청하면 10분 만에 결과를 알려준다. 우리나라도 네이버페이, 카카오뱅크, 토스와 같은 고객 위주의 핀테크 은행이 속속 등장하고 있다. 신뢰를 바탕으로 하는 핀테크는 하루아침에 만들어지지 않는다는 것을 알 수 있다. 출범 1주일 만에 100만 명을 가입시킨 카카오뱅크의 혁신을 다른 은행들도 참고할 필요가 있다.

도자기 전쟁

    임진왜란을 일견 '도자기 전쟁'이라고도 한다. 임진왜란을 기점으로 일본의 도자기 산업이 급진적으로 발전했기 때문이다. 그 전까지 일본은 초기 토기나 도기, 나무 그릇을 사용했다. 무역을 통해 조선의 막사발과 도자기들이 일본으로 간간이 수출되기는 했다. 조선의 서민들이 사용하던 도기나 질그릇이 일본 다도를 만들었던 센류쿠에서는 획기적인 수입품이었다.

    17세기 초까지 백자를 만드는 기술은 중국과 조선만 보유하고 있었다. 그래서 조선 백자의 아름다움에 매혹된 일본 영주들은 임진왜란 때 도자기공들을 포로로 잡아갔다. 하지만 잡혀간 조선의 도공들은 천민의 신분에서 갑자기 일본에서 존경받는 위치로 대접받으면서 과감하게 자신들의 창의력을 발휘하기 시작했다. 이에 큐슈를 중심으로 도자기 산업은 비약적으로 발전했다. 당시 중국은 전 세계에 도자기를 수출했는데 명나라가 망하고 청나라가 들어서면서 도자기 수출이 중단되었다. 유럽의 상인들이 일본의 아리타 도자기를 찾기 시작하면서 지금까지 일본의 도자기가 유명하게 되었다.

일본의 아리타 도자기가 탄생한 데에는 조선의 이삼평이라는 인물이 큰 공을 세웠다. 그래서 일본에는 도조 이삼평을 기념하는 기념비와 신사가 있다. 아리타에는 인구 2만여 명에 도자기를 굽는 가마만 200여 개에 이르고 도자기 가게만 300여 곳이 넘는다. 연간 200만 명의 관광객이 아리타를 찾는다. 이삼평은 공주지역 출신으로 공주 동학사 삼거리 언덕에 이삼평의 기념비가 있다. 매년 한일 양국의 우호친선으로 아리타 조오의 초등학생들이 연수를 오면 이곳에 와서 참배한다.

1862년 런던 만국박람회와 1867년 파리 만국박람회를 통해 도자기, 차, 부채, 우키요에 판화 등이 유럽으로 전해졌다. 19세기 말에 일본 미술의 영향을 받지 않은 유럽의 화가가 없었는데,

프랑스 미술 비평가 필립 뷔르티는 이러한 현상을 자포니즘Japo-
nism으로 정의했다. 서양 미술은 오랫동안 원근법과 입체감 그리
고 아름다운 형태에 집중했다. 이에 반해 우키요에 판화는 단조
롭고 밝은색으로 가득 칠해져 있다. 19세기 들어서 인상파 화가
들, 특히 고흐와 모네는 일본의 도자기를 포장한 포장지에서 감
동을 받아 작품을 만들었다. 도자기의 포장지가 바로 우키요에
판화 작품이었다.

일본의 공항에 들어서면 사람을 삼킬 듯한 파도 사이로 후지
산이 보이는 그림이 있는데 우키요에 판화의 대표적인 작가 가
츠시카 호쿠사이의 작품이다. 반 고흐의 그림에서 평면을 색면
으로 칠하는 기법과 과감한 표현이 바로 일본 판화의 영향으로
보고 있다.

고려청자의 도예지가 있던 전남 강진은 청자의 명맥을 복원
하고 있다. 예전 강진의 도예촌에서 구워 물살이 거친 서해를 통
해 수도인 한양으로 청자를 납품했던 그대로 현재 생산하고 있
다. 그리고 충남 공주에서는 아리타 도자기를 만들었던 이삼평
의 뒤를 이어 도예가들이 다양한 작품을 만들고 전시회를 열고
있다.

패션의 진화

가죽, 지갑, 벨트를 만드는 우리나라 브랜드 루이까또즈는 루이 14세라는 뜻이다. "짐이 곧 국가다L'etat, c'est moi"라고 했던 전제 군주 루이 14세는 영화 「춤추는 왕」에서 보듯이 프로 수준의 발레 실력을 갖추고 있었다. 당시 발레와 오페라 의상의 발달은 프랑스 고급맞춤복 오드 쿠튀르haute couturecouture의 전통이 되었다. 발레리나가 착용했던 장신구, 소매, 리본 장식, 목걸이, 구두 등은 상류층 부인들에게 영향을 주었다. 『매너의 역사』에 보면 손수건을 처음 사용한 사람이 루이 14세이다. 살롱을 중심으로 여성과 남성이 함께 어울리는 사회의 분위기가 파리 여성 패션이

THE PARALLAX SET
WEBSITE

활짝 피는 계기가 되었다. 최대 부국이었던 프랑스의 우아함은 유럽을 포함해 러시아 왕실까지 영향을 미쳤다.

미국의 역대 대통령 중에서 옷을 가장 잘 입었던 사람은 레이건 대통령이다. 그의 의상은 일종의 메시지로, 정치적 입장을 드러내는 수단으로 활용되었다. 이처럼 사회학자들은 의상을 소리 없는 커뮤니케이션이라고 여겼다. 옷도 특유의 음색과 특유의 어휘가 있다고 본 것이다. 외모, 말 그리고 행동 외에도 의상을 통해 사람을 판단하기도 한다.

루이뷔통, 에르메스, 카르티에 등 명품들은 18~19세기 프랑스 왕국 때부터 시작되었다. 루이 16세의 부인 마리 앙투아네트는 연간 360만 달러를 의상 구입비로 썼다. 빵이 없으면 과자를 먹으면 된다고 말할 정도로 백성의 굶주림을 외면했던 그녀는 오직 자신을 치장하는 데만 몰두했다. 그런 부정적인 측면도 있지만 긍정적인 측면으로 본다면 프랑스의 패션 산업은 왕족과 귀족의 과소비로 활기를 띠었다. 루이 14세 때 재무장관 콜베르는 "프랑스 패션은 스페인의 페루 금광에 비교되는 자산이다"라고 했다.

19세기 말 군주제의 몰락과 더불어 명품은 유럽 전통 귀족과 미국 신흥갑부들의 전유물이 되었다. 그러나 1980년대 '명품의 대중화'를 선언하면서 중산층이 마음만 먹으면 살 수 있는 가격대의 상품을 출시했다. 사람들은 세련되고 성공한 사람이라는 것을 과시하기 위해 명품 브랜드를 구입했으며, 프랑스의 사교계는 패션의 전쟁터를 방불케 했다.

20세기 여성 패션의 혁신을 이끈 프랑스 패션 디자이너 코코 샤넬은 "패션은 복장에만 있는 것이 아니다. 하늘에도, 거리에도, 우리가 살아가는 세상 어디에든 늘 새롭게 일어나는 그 무엇이다"라고 정의했다. 피틀fitle과 같은 온라인 회사는 스마트폰으로 체격, 얼굴, 머리 스타일을 캡처해 가상의 아바타를 만들고, 온라인 상점에서 선택한 옷과 액세서리를 가상의 아바타에게 입힌다. 그렇게 해서 옷을 입어보지 않고도 나에게 가장 잘 어울리는 옷을 구입할 수 있게 했다.

명품가죽가방업체 에르메스는 애플의 스마트 시계와 전략적 제휴를 하여 차별화된 명품시계를 만들어 판매하고 있다. 옷 또한 하나의 옷으로 다양한 변화를 줄 수 있는 섬유와 IoTInternet of Things 기능을 가진 제품들이 급성장할 것이다. 이러한 제품을 개발하고 연결하는 콘텐츠를 가진 기업이 앞서 나갈 것이다. 과거를 버리지 않고 현재와 미래를 연결하는 것은 패션업계에서도 더욱 가속화될 것이다.

PART 4

인공지능 시대에도
변하지 않는 가치

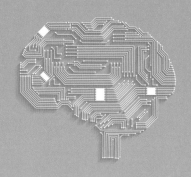

교육과 배움은 우공이 산을 옮기는 것과 같고, 노인이 황량한 언덕에 나무를 심는 것과 같다. 흙을 한 삽씩 퍼 나르듯이 조금씩 배워나가면 언제가 거대한 산이 옮겨지는 것과 같은 변화를 꾀할 수 있다.

지식 없이 정직한 자는 무용하고
정직하지 못한 식자는 위험하다.
S. 존슨

치유하는 공간

사람들은 자연과 함께 할 때 더 많은 행복감을 느낀다는 것이 심리학 연구에서 밝혀졌다. 몸이 아픈 환자들은 넓은 발코니와 커다란 창, 그리고 나무와 꽃들이 잘 보이는 공간이 치유에 도움이 된다. 치매 환자들의 경우도 산책과 아름다운 정원에서 차를 마시는 등 심신의 안정을 취하는 시간이 많아지면 인지기능이 오래 유지된다고 한다. 자연을 가까이 하면 행복 호르몬인 세로토닌이 많이 분비되며, 스트레스 호르몬인 코르티솔의 분비가 줄어든다. 물리적 공간이 치유에 도움이 된다고 하는 최초의 연구 결과는 1984년 「사이언스」지에 발표되었다.

이처럼 공간과 건축이 인간의 사고와 행동에 미치는 영향을 탐색하는 학문이 '신경 건축학'이다. 캘리포니아 대학교 어빙 비더먼 교수는 사람들이 아름다운 경치, 노을, 숲을 볼 때 엔도르핀이 분비되어 신경세포들이 활성화되는 것을 알아냈다.

14~16세기 무로마치 막부 시대에 조성된 교토의 료안지는 흰모래와 15개의 돌로 구성되어 있다. 언뜻 보면 많이 비워진 공간으로 여겨진다. 어떤 방향에서 봐도 돌들이 한꺼번에 보이지 않기 때문이다. 이는 '인간은 불완전한 존재이며, 한꺼번에 모든 것을 손에 넣으려 해서는 안 된다'는 불교적 메시지가 담겨

있다. 교토 대학교 연구진들은 중앙축변환MAT이라는 이미지 처리 기법을 이용하여 놀라운 사실을 알아냈다. 바위 더미 사이의 축들은 나무 형태를 취하고 있는데, 나무의 몸통이 되는 줄기는 정원을 바라보기 가장 좋은 한 지점을 정확히 지나고 있다는 것이다. 이러한 패턴들은 추상 미술에서 자주 발견되고 있다.

비슷한 패턴들의 반복적인 형태를 프랙탈Fractal 구조라고 한다. 즉, 부분과 전체가 똑같은 모양을 하고 있는 것이다. 19세기의 일본화가 가츠시카 호쿠사이의 「가나가와 해변의 높은 파도 아래」라는 작품에서 소용돌이치는 파도가 점점 작아지면서 반복되는 것이 바로 프랙탈 기법이다. 반복되는 패턴이 마음의 안정을 불러일으키는 이유는 주로 자연 풍경에서 볼 수 있다. 하버드 의대 심박변동성 연구자 에이리 골드버거는 1996년 논문에서 이탈리아 밀라노 대성당과 같은 고딕 건축물이 프랙탈 구조를 지니고 있다고 했다. 요철 모양의 난간, 반복적 디자인, 많은 구멍, 아치나 첨탑 등 여러 형태가 다른 크기로 반복된다.

천재 수학자 만델브로는 자연계에서 번개, 강줄기, 나무, 고사리, 산과 구름, 인간의 몸을 통일적인 관점으로 설명했다. 번개는 한 번 치고 끝나는 것이 아니라 계단을 이루듯이 반복적으로 방전한다. 큰 강줄기나 그 지류는 서로 비슷한 모양으로 갈라진다. 큰 나뭇가지에서 작은 가지가 생기고, 고사리의 잎도 반복적

패턴으로 이루어져 있다. 아무리 작은 산도 봉우리와 골짜기의 수많은 굴곡으로 나타난다. 구름은 시간에 따라 전체 모습을 바꿔가며 프랙탈 구조를 유지한다.

1853년에 일어난 크림전쟁에서 나이팅게일은 부상당한 병사들을 치료하면서, 벌레가 득실한 병상을 깨끗이 닦아주고, 시트를 소독하고, 침대의 공간을 넓히고, 햇빛과 신선한 공기를 병동으로 끌어들여 환자들의 사망률을 크게 낮췄다. 이에 영국의 건축가 헨리 커리는 영국의 성 토머스 병원을 지을 때 통풍, 환기, 햇빛을 강조한 '파빌리온의 법칙'에 따랐고, 이러한 병원 설계 방식은 전 세계로 퍼져나갔다.

프랑스 외과의사 알렉시 카렐은 1902년 루르드 순례자 중 마리 베일리라는 젊은 여성이 결핵성 복막염에 걸렸다가 치유되는 과정을 목격하고, 치유의 핵심은 많은 사람의 깊은 사랑과 확고한 믿음, 엄청난 기쁨, 마음의 평온이었다고 『루르드로 떠난 여행』에서 밝혔다.

순례지나 수도원은 우리 몸이 본래 가진 치유의 힘을 집결할 수 있는 공간이다. 병원 역시 뇌와 마음의 기능에 도움이 되도록 설계하면 훨씬 빨리 회복된다. 생활공간에 햇빛이 들게 하고, 큰 창을 내고, 나무나 꽃들이 보이는 그런 환경에서 휴식을 취하면 마음이 훨씬 안정된다.

진화하는 감정

인간이 감정을 표현하기 시작한 것은 지구상에 포유류의 조상이 출현한 때로 거슬러 올라간다. 감정이란 생존하는 게 필수적인 요소이자 진화를 견인하는 역할을 한다. 일본의 진화인류학자 이시카와 마사토는 공포는 포식자에게서 도망치는 감정에서 기원한다고 했다. 분노와 위협은 무리를 형성하는 단계에서 체득한다. 인간에 가까운 단계로 진화하면서 협력 집단이 생기고 그것을 유지하기 위해 죄책감과 의리 등 복잡한 감정이 진화했다.

수렵채집 시대에는 무리를 지어 생활했기 때문에 혈연관계를 중심으로 결속을 강화해야 했다. 그러다 무리가 점점 늘어나면서 느슨해진 결속을 강화하기 위해 애정이라는 감정이 필요해졌다. 먹이를 사냥한 사람은 그렇지 못한 친구에게 먹이를 나눠주고, 몸이 아프거나 사냥을 못 간 친구에게 도움을 준다. 이런 이타적인 행동으로 집단의 이익을 취한다.

문명사회가 되면서 야생의 감정은 더 이상 역할을 하지 못하고 있다. 그보다는 멀리 나가서 사냥하기 위한 달리기와 던지기 등 신체적 능력, 땅 모양과 방향을 아는 공간 지각 능력, 도구를 만들거나 덫을 놓는 능력이 필요해졌다. 먹이나 열매, 풀뿌리를 채집하는 능력과 장소 기억 능력 또한 필요하다. 남성은 공간 지각 능력과 기술적 능력이 높은 반면, 여성은 채집에 필요한 의사소통의 수단으로 언어 능력이 강했다.

무리와 함께 사냥을 나설 때 남성은 자신이 강한 분야에 배치되었다. 자신이 잘하는 분야를 내세우는 것이 바로 자기 과시이다. 따라서 자기 과시는 집단에 공헌하려는 행동이 진화한 것이다. 돌출적인 행동이나 눈에 띄는 행동으로 자신의 존재를 드러내는 것은 야생의 감정에서 비롯되었다. 다른 사람을 자신에게 비춰 이해하는 것을 '미러뉴런'이라고 한다. 즐거움이 가치 있게 전파되는 것이다. 침팬지의 털 고르기, 즉 그루밍grooming도 같은 맥락의 공감이라고 할 수 있다. 침팬지는 털 속에 있는 이와 벼

룩을 잡거나 등이 가려울 때 긁
어주면 좋아한다. 서열 순으
로 그루밍을 하기도 하고, 충
돌이나 사랑과 우정의 감정
으로 그루밍하기도 한다. 그루밍
을 통해 집단의 가치를 긍정적으로 바꾸고 집단의 협력과 결속
을 강화한다. 공감 능력이 뛰어난 사람이 공감 능력이 적은 집단
보다 살아남는 데 더 유리하다는 보고가 있다. 이러한 관점에서
채집생활을 통해 의사소통 능력과 공감 능력이 강화된 여성이
남성보다 조직에서 더 중심적인 역할을 하리라고 예상된다. 지
혜를 모으는 종합적인 판단과 협력적 사고를 하는 여성의 본능
이 더욱 필요한 사회가 되었다.

모든 해악이 쏟아져 나온 판도라의 상자에서 마지막까지 남
아 있었던 것이 희망이었다. 인간은 희망을 가짐으로써 슬픈 감
정을 해소한다. 희망이 있기에 부정적이 마음이 서서히 긍정적
인 마음으로 바뀐다. 침팬지에게는 오로지 현재만 존재한다. 과
거를 후회하고, 미래를 상상하는 일이 없다. 희망이야말로 인간
을 다른 동물과 구별하는 감정이다.

나무를 심는 이유

중국의 태행과 왕옥이라는 두 산맥은 오래전에 북산을 사이에 두고 지금과는 다른 곳에 있었다. 북산에 살던 우공愚公이라는 노인은 높은 산에 가로막혀 왕래하는 불편을 해소하기 위해 두 산을 옮기기로 결심했다. 산맥의 흙을 담아서 발해만까지 운반하는 데는 1년이 걸리는 일이었다. 친구가 그만둘 것을 권유하자 우공은 이렇게 말한다.

"나는 늙었지만 자식과 손자가 있고, 그들이 자자손손 대를 이어갈 것이다. 하지만 산은 불어나지 않을 것이니 대를 이어 하다 보면 산이 평평하게 깎일 날이 올 것이다."

이 말을 들은 산신령은 노인의 뜻을 성취하게끔 도왔다고 한다.

　프랑스 프로방스 지방의 황량한 알프스 산간에 홀로 나무를 심던 노인이 있었다. 오지를 여행하던 여행자가 물을 찾다가 이 노인의 집에 들어가서 저녁을 얻어먹고 노인과 이야기를 나누었다. 노인과의 대화에서 마음의 울림을 느낀 여행자는 하루를 더 머물며 노인의 삶을 관찰한다. 노인은 3년간 10만 그루의 도토리나무를 심었고 자작나무를 심을 것이라고 한다. 그 후 여행자는 5년간 세계대전에 참전했다가 자연이 그리워 노인을 찾았는데 그곳에서 발견한 것은 울창한 참나무 숲이었다. 노인은

1900년부터 홀로 40년간 나무를 심었던 것이다.

위의 이야기를 원작으로 프랑스 출신 캐나다 애니메이터 프레더릭 백이 30분짜리 단편 애니메이션으로 만든 것이 「나무를 심는 사람」이다. 가장 위대한 애니메이션 중 하나로 평가받는 이 작품은 불투명한 셀 위에 테레빈유를 사용해 컬러 연필로 그렸다. 작업 기간 5년 6개월 중 4년만 어시스트 한 명을 둔 것 외에는 모두 혼자 작업했는데, 안타깝게도 작업 도중 한쪽 눈을 실명한다. 일본의 애니메이션 감독 다카하타 이사오와 미야자키 하야오는 이 사람을 전설적으로 격찬했다.

교육과 배움은 우공이 산을 옮기는 것과 같고, 노인이 황량한 언덕에 나무를 심는 것과 같다. 흙을 한 삽씩 퍼 나르듯이 조금씩 배워나가면 언젠가는 거대한 산이 옮겨지는 것과 같은 변화를 꾀할 수 있다. 배우는 과정도 그러하다. 하나의 목표를 정해서 자신의 목표를 향해 꾸준히 씨앗을 뿌리고 관리하는 과정이다. 속성으로 자란 나무, 관리 되지 않은 나무, 환경이 부적절한 곳에서 자란 나무는 시들시들해서 죽고 만다. 교육이라는 나무를 한 그루씩 심다 보면 몇십 년 후에는 울울창창한 교양의 숲이 우리 앞에 펼쳐질 것이다. 교육은 무릇 백년대계인 것이다.

번역기기 VS
영어회화

미국의 언어학자 에릭 레넨버그Eric Lenneberg는 뇌의 측면화lateraliztion에 대해 연구한 것으로 유명하다. 측면화란 지능을 담당하는 것은 '좌뇌'이고 다른 부분은 '우뇌'에서 담당한다는 것이다. 그는 언어 습득은 주로 좌뇌에서 이루어진다는 사실을 관찰하고 측면화가 언제 이루어지는가에 대해 연구한 결과, 두 살 때부터 시작해 사춘기쯤 완성이 된다(Eric Lenneberg, 1967)고 한다.

측면화가 이루어지는 이 시기가 바로 언어를 습득하는 데 결정적인 시기Critical Period이다. 성인이 되면 외국어를 배우기 힘든 이유가 바로 모국어의 간섭 때문이다. 성인의 경우 입술, 입, 치아, 후두, 비강 등 구강구조가 모국어를 배우는 데 최적화되어 있기 때문에 외국어를 배우기가 그만큼 어렵다. 학자들마다 논쟁이 있기는 하지만 대체로 5세 전후를 언어 습득의 결정적 시기로 보고 있다.

메릴랜드 대학교의 로버트 드카이저Robert DeKeyser는 헝가리인 이민자를 대상으로 영어 능력과 미국 이주 시기 및 외국어 학습에 관한 적성 조사를 실시했다. 그 결과 16세 이전에 미국으로 이주한 사람의 영어실력이 높은 것으로 나타났고, 이후 연령대는 개인의 능력에 따라 차이를 보였다. 물론 원어민에 가까운 문법 능력을 익힌 성인도 있다. 텍사스 오스틴 대학교의 데이비드

버드송David Birdsong에 의하면, 외국어가 일상적으로 사용되는 환경에서 장기간 듣기와 말하기 연습을 하면 10% 이상이 원어민에 가까운 문법과 발음을 구사할 수 있다는 연구 결과를 발표했다.

중학교와 고등학교에 들어가면 의사소통이라는 학습의 본래 목적을 상실하고 시험문제를 중심으로 배움으로써 영어를 멀리하게 된다. 영어에 흥미를 잃게 만드는 학습 방법으로 결국 영어를 포기하는 사태에 이른다. 일본과 우리나라의 고등학교 교과서는 어휘량과 수준이 다르다. 일본은 학생들이 진도를 쉽게 따라 갈 수 있는 수준인 반면, 우리는 일본보다 지문이 많고 난이도가 높다.

인터넷에서 영어를 사용하는 비율은 55.7%, 그다음으로 중국어는 3.3%, 스페인어는 4.6%를 차지한다. 영어가 필요한 이유 중의 하나가 중요한 정보들이 영어로 되어 있는 경우가 많다는 것이다. 이는 영어를 모르면 정보의 취득이 어려워진다는 것을 의미한다. 번역 프로그램을 사용할 수도 있겠지만 속도나 정확성 면에서 한계가 있게 마련이다.

영어로 둘러싸인 환경에 노출되어 직접 생활하고 부딪히는 것보다 좋은 학습법은 없다. 필자의 경우 기차에서 만난 미국인 부부에게 3년 동안 주말 내내 전국의 여행지를 안내해 주면서 영어를 배웠다. 영어회화를 배울 때는 대인공포증을 없애야 한다. 수준급의 표현을 하려고 애쓰지 말고 손짓과 발짓 그리고 몸짓으로라도 커뮤니케이션을 하려고 하는 자세를 먼저 길러야 한다.

다른 나라의 언어를 배우는 가장 큰 목적은 이야기하고 의사소통하기 위해서이다. 의사소통을 잘하려면 처음 걸음마를 배우듯 수없이 쓰러지고 넘어지기를 반복해야 한다. 수없이 넘어지면서 일어서는 방법을 터득하고 나면 비로소 홀로서기를 할 수 있다. 넘어지지 않고서는 자전거를 배울 수 없고 흔들리지 않고 봄날에 피는 꽃은 없다.

꼬리에 꼬리를 무는 한자

한자의 기원인 갑골문자의 출현은 기원전 14세기 은나라殷로 거슬러 올라간다. 그 당시에는 나라의 중대사를 거북의 등껍질龜甲 혹은 짐승의 뼈獸骨에 새겨 점복을 치는 데 활용했다. 갑골문자甲骨文字는 처음에 용골龍骨이라 해서 몸이 아플 때 만병통치로 민간에서 그 가루를 갈아서 먹었다고 한다.

1899년 청대의 학자 왕의영과 그의 제자 유철운이 뼈에 묘한 문자가 새겨져 있는 것을 이상하게 여겨 이런 용골을 수집하기 시작했다. 북경의 약재상에서 처음 발견되었지만 추적 결과 허난성河南省 양안兩岸에서 발견되었다는 것을 알게 되었다. 1928

년 본격적인 발굴이 시작되어 거북의 배 껍질과 짐승의 뼈 17만 개를 발굴했고, 이로써 당시에 사용되었던 문자가 대략 3,500여 자라는 것을 알게 되었다.

갑골로 점을 친 것은 신석기 시대부터였지만 문자를 새긴 것은 은나라이다. 주로 점은 제사, 풍우, 전렵田獵, 농경, 군사, 사명使命, 질병, 복점 등이었다. 갑골문자의 발굴로 인해 은나라(상나라)의 제사, 정치, 사회, 경제 등이 연구되었고 가장 오랜 왕조로 규명되었다. 제사와 정치가 함께 행해졌던 제정일치 사회에서는 일상사를 점에 의존했다. 군사 정벌이나 가뭄, 판결 등을 할 때 신들과 대화하는 문자가 바로 한자이다. 따라서 한자에는 고대의

자연, 인간, 정치, 경제, 군사 등의 생활문화의 코드가 숨어 있다.

갑골문자는 금문과 전서(대전, 소전) 형태로 변해 가면서 오늘날의 한자가 되었다. 금문과 전서는 그림 형태이기 때문에 한자를 배우는 사람들에게 호기심을 유발하기에 좋다. 그림을 배우듯 한자가 만들어진 과정을 알 수 있기 때문이다.

아주 어려운 글자처럼 보이는 '거북이 귀龜' 자를 살펴보면 맨 위가 거북의 머리이며, 가운데가 거북의 몸통, 왼쪽은 2개의 다리, 오른쪽은 거북의 등, 그리고 맨 아랫부분이 거북의 꼬리이다. 이것이 왜 거북을 뜻하는 글자인지 모르면 실로 익히기가 힘들 것이다.

한자는 하나의 글자에서 파생된 글자를 유추하기가 쉽다. 예를 들어 '절 사寺'는 '사람 인人'과 합쳐져 '모실 시侍', '두 사람 인彳'과 합쳐져 '기다릴 대待'가 된다. '말씀 언言'과 합쳐져 '시詩', '소 우牛'와 합쳐져 '특별할 특特', '날 일日'과 합쳐져 '때 시時'가 된다. '비 우雨'는 하늘에서 비가 내리는 모습이다. '비 우雨'에 'ㅋ'가 붙어서 '눈 설雪', '운云'이 붙으면 '구름 운雲', '길 로路'가 붙으면 '이슬 로露', '서로 상相'이 붙으면 '서리 상霜', '밭 전田'이 붙으면 '우레 뢰雷', '뻗힐 신申'이 붙으면 '전기 전電'이 된다. '비 우雨' 자가 다른 부수와 만나 기상이나 날씨를 나타내는 글자가 만들어진다.

한자는 글자의 조합으로 어휘가 확장된다. 이러한 글자들을 무턱대고 암기하기보다는 핵심이 되는 단어를 중심으로 글자를 붙여가며 의미를 확장해 가는 방식으로 배우면 훨씬 외우기가 쉽다.

한자를 공부해야 하는 이유 중 하나가 바로 영문법이다. 영문법은 일본에서 만든 용어를 그대로 사용하고 있다. 일제강점기의 영어문법책을 해방 후 그대로 우리가 사용했기 때문이다. 문법 용어가 한자로 되어 있다. 주어主語는 문장에서 주인이 되는 것이다. 동사動詞는 주어의 움직임, 즉 동작을 나타낸다. 문장에 있어서 주인이 될 수 있는 것은 명사名詞뿐이다. 명사의 종류에는 고유명사固有名詞, 추상명사抽象名詞, 보통명사普通名詞, 집합명사集合名詞, 물질명사物質名詞가 있으며, 명사를 대신하여 나타내는 대명사代名詞는 사람을 지칭하는 인칭대명사人稱代名詞, 물건을 지칭하는 지시대명사指示代名詞가 있고, 문장과 문장을 이어주며 접속사와 대명사 역할을 동시에 하는 관계대명사關係代名詞가 있다.

영어 이외에도 수학, 과학, 사회 등 모든 과목에서 다루는 대부분의 용어들이 한자로 되어 있다. 우리말은 약 70%가 한자로 구성되어 있다. 같은 발음과 같은 글자(동음이의어)를 사용하지만 의미가 확연하게 다르다. 한자를 이해하지 못하면 우리말의 의미를 이해하기도 힘들다. 학년이 올라갈수록 한자로 된 용어가 상당히 늘어난다. 따라서 학년이 올라갈수록 한자에 대한 이해력이 부족하여 학습의 효율성이 떨어지고 공부에 대한 흥미를 잃을 수 있다. 한자는 무작정 외우기보다는 한자의 원리를 이해하면서 파생되는 단어를 덧붙여가면서 의미를 파악하면 더욱 쉽게 한자를 배울 수 있다. 원리를 파악하고 흥미를 갖게 하면서 스스로가 접근하게 하는 방법이 필요하다.

책은
한 사람의 경험이다

『개미』의 작가 베르나르 베르베르는 "한 노인이
죽는 것은 하나의 도서관이 불타는 것과 같다"고 했다. 책은 한
사람의 경험을 압축한 것이다. 따라서 책을 읽는다는 것은 그만
큼 많은 사람을 만나 그들이 터득한 많은 것을 얻는다는 뜻이다.
우리는 쉽게 만날 수 없는 사람이라도 책을 통해 그들의 생각과
지식을 만날 수 있다. 책을 통해서 쌓은 지식과 경험은 차곡차곡
쌓여서 새로운 연결을 만들고 그 연결이 또 다른 미래를 여는
연결 고리를 만든다.

앞길이 보이지 않고 막막할 때는 당장 서점으로 달려가라. 나

는 책을 읽으면서 삶의 확고한 방향을 만들 수 있었다. 사람들이 묻는다.

"어떻게 하루에 한 권씩 책을 읽죠?"

책을 읽지 않는 사람에게는 대단한 이야기일 수 있다. 내게 있어서 책을 읽는다는 것은 밥을 먹는 것과 같은 일상의 필수적인 생활 그 자체다.

처음에는 책 한 권을 읽는 데 많은 시간이 소요된다. 어휘량의 부족에서 오는 이해력 부족 때문이다. 한정된 분야의 지식은 편파적으로 습득하게 마련이다. 즉, 자기가 아는 부분만 아는 것이다. 모르는 부분이 나오면 당연히 읽는 속도와 이해력이 떨어질 수밖에 없다. 하지만 중복된 어휘와 단어, 문장이 나오게 마련이므로 책을 읽을수록 이해력 또한 높아진다. 지속적인 독서를 통해 해마가 단기기억장치에서 장기기억장치로 넣어주기 때문이다.

한때 우리나라에 스마트 교육 광풍이 몰아친 적이 있다. 스마트폰이나 태블릿에서 애플리케이션을 활용해서 수업을 진행하는 것이다. 그러다 스마트 교육의 활성화 및 현장 적용에 대해 찬반이 불붙기 시작했을 때 마샬 맥루한의『미디어의 이해』와 에버렛 M. 로저스의『개혁의 확산』을 읽고 미디어는 말 그대로 우리 인간의 신체의 부분을 더욱 구체화하여 다른 도구로 진화된 것임을 이해하게 되었다.

20년 전 카세트테이프, 2000년대 초반의 DVD 등 그동안 사용해 온 미디어가 시대의 변화에 따라서 메시지를 던져주고 더욱 세분화되어 발달되어 가는 과정을 알게 되면서 스마트 교육에 사용되는 도구들의 역할에 대해 깊이 생각하게 되었다. 이처럼 책은 지식의 창과 이해의 폭을 넓혀주고 방향을 잡는 데 도움을 준다.

독서는 중독성이 매우 강하다. 책을 하루에 한 권 읽다 보면 책을 읽지 않은 날에는 중요한 뭔가를 빠뜨린 것 같은 허전함이 느껴진다. 이런 느낌은 100권을 돌파한 후 나타나기 시작했다. 처음에는 회식, 운동, 취미 활동 등 회사일과 집안일로 책을 읽지 못하는 날도 있었다. 하지만 3년 정도 지나서 읽은 책이 1천 권을 넘게 되자 무슨 일이 있어도 하루에 1권 읽는 습관을 몸에 익힐 수 있었다. 즉, 1천 권의 책을 읽지 않고 책 읽는 습관을 들인다는 것은 무리가 따를 수밖에 없다. 읽어야겠다는 생각, 계획, 실천 그리고 그것에 대한 반성이 없다면 실행에 옮기기 힘들다.

어느 날 지인으로부터 자녀 독서 지도 노하우에 관해 들었다. 아기가 태어난 후 부부는 10분이든 30분이든 매일 일정 시간을 정해 책을 읽어주었다고 한다. 하루도 빠짐없이 책을 읽어주자 아이가 걷기 시작하면서부터는 책 읽는 시간이 되면 아이가 먼저 책을 가져왔다. 그 뒤로는 아이 혼자 책을 읽기 시작했고, 외출하거나 여행할 때도 책을 가지고 다녔다. 아이들에게 책을 읽으라고 강요할 수는 없다. 어른들이 먼저 그런 노력을 보여줘야 한다.

미래형 인재가 되는 법

에이브러햄 링컨은 이렇게 말했다.

"계획에 실패하면 실패를 계획하는 것이다. 장작을 패는 데 쓸 수 있는 시간이 8시간이라면 나는 그중 6시간은 도끼날을 세우는 데 쓸 것이다. 성공한 사람들은 먼저 큰 그림을 그리고 계획을 세워 일을 시작한다. 책을 읽으면 준비가 되는 것이다."

좋은 책을 읽는다는 것은 지난 몇 세기에 걸쳐서 가장 훌륭한 사람들과 대화하는 것과 같다고 데카르트는 말한다. 파브르는 "누구에게나 정신에 하나의 획을 긋는 책이 있다"라고 말했다. 빌 게이츠는 "오늘의 나를 있게 한 것은 우리 마을 도서관이었고, 하버드 졸업장보다 소중한 것은 독서하는 습관이었다"라고 말했다.

조선후기 실학자 이덕무는 우리나라 역사상 책을 가장 많이 읽었던 인물 중 하나이다. 읽지 않은 책을 보면 기뻐서 웃는 그를 일컬어 '책에 미친 바보', '간서치看書痴'라고 했다. 그가 쓴 『간서치』를 보면 독서는 배고픔을 잊게 하고 추위를 잊게 하며 근심 걱정을 사라지게 하며 기침이 심할 때 책을 읽으면 기운이 통하여 기침 소리가 순식간에 그친다고 했다.

영국 서섹스 대학교 신경심리학자 데이비드 루이스 박사는 독서, 음악 감상, 한 잔의 커피, 게임, 산책 등이 스트레스를 얼마나

줄여주는지 실험했다. 그 결과 조용한 곳에서 6분 정도 책을 읽으면 스트레스가 68% 줄어들고, 심박수는 낮아지고, 근육의 긴장이 풀리는 것으로 나타났다. 그다음으로 음악 감상이 61%, 커피 마시기 54%, 산책이 42%의 스트레스 경감 효과가 나타났다. 영국의 작가 서머싯 몸은 대화와 게임은 시간이 지나면 지루해진다. 하지만 책을 읽을 때는 아편 중독자처럼 빠져든다고 한다.

소크라테스는 책이 개인의 성장과 발전을 위해 유용하다고 했다. 또한 "남이 쓴 책을 많이 읽어라. 남이 고생하여 얻은 지식을 아주 쉽게 내 것으로 만들 수 있고, 그것으로 자기 발전을 이룰 수 있다"라고 했다.

15세기 피렌체는 인류 역사상 처음으로 수많은 책이 집결된 곳이었다. 마키아벨리, 미켈란젤로, 레오나르도 다빈치가 배움의 열정으로 찾은 곳이 피렌체였다. 책은 다양한 인간의 사상과 과학, 예술, 그리고 문화의 보고였고, 피렌체에서 르네상스가 일어날 수 있었던 이유이기도 했다. 뇌 트레이닝으로 유명한 도호쿠대 가와시마 류타 교수는 "문장을 읽을 때 뇌의 전두엽, 두정엽, 측두엽, 후두엽의 여러 부위, 좌뇌와 우뇌가 활성화된다"고 했다.

이제는 정보를 외우거나 지식을 축적하는 것이 아니라 정보를 이용해서 문제 해결 능력을 길러야 하는 시대이다. 문제 해결 능력을 키우려면 먼저 다양한 경험이 밑바탕에 쌓여야 한다. 경험을 하는 데는 시간과 비용이 많이 드는데, 짧은 시간에 많은 경험을 할 수 있는 방법이 바로 책을 읽는 것이다. 책을 읽는다는 것은 어마 어마한 사람이 오는 것과 같다. 사람을 만난다는 것은 한 사람의 일생과 만남을 가지는 것이다. 가난한 사람이 독서를 하게 되면 부자가 된다. 부자가 독서를 하게 되면 또한 귀하게 된다. 살아가면서 만나게 될 무수히 많은 문제들, 그리고 해결 방법이 책 속에 있다.

책 읽는 도구의 진화

　우리나라는 2018년부터 2020년까지 전용 태블릿뿐 아니라 PC나 스마트폰 등 다양한 기기에서 활용할 수 있는 디지털 교과서를 단계적으로 도입할 예정이다. 학부모들 사이에서는 디지털 교과서 도입에 대한 찬반양론이 다양하다. 디지털 교과서가 학습량을 늘려 학생들의 부담이 가중될 것이라는 우려도 있다. 하지만 학생들은 이미 디지털 콘텐츠에 익숙해져 있는 것이 현실이다.

　새로운 매체가 등장하면 기존의 매체와 충돌하게 마련이다. 사진이 등장했을 때 프랑스 낭만주의 화가 들라로시(1797~1859)

는 "이 순간부터 회화의 역사는 막을 내릴 것이다"라고 말했다. 하지만 이후에도 회화는 없어지지 않았고 독립적인 장르로 발전했다. 마샬 맥루한에 의하면 "새로운 테크놀로지는 그 전임자를 예술 형태로 만들었다. 인쇄가 새로운 테크놀로지로 등장했을 때 중세는 예술의 형태로 받아들여진다"라고 했다. 과거 필사본 책은 현재 책이 아니라 하나의 예술 작품으로 간주된다. 사진과 회화가 다르듯 종이책과 전자책은 다를 수밖에 없다. 종이책과 전자책은 서로 다른 장르로 분화해 나갈 것이다.

e-bookElectronic Book이라고 불리는 전자책은 컴퓨터 파일 형태의 출판물로 전자기기에서 전용뷰어viewer를 통해 읽는다. 글자뿐 아니라 소리, 이미지, 영상, 음악, 문자, 음성 등의 복합적인 기능과 결합된 새로운 형태의 책이라고 할 수 있다. J. D. 볼터는 『창작 공간writing Space』에서 컴퓨터를 파피루스, 중세의 필사본codex, 그리고 종이책의 뒤를 잇는 제4의 문서 매체라고 말했다.

전자책의 장점은 정보 자료의 연결성, 역동적인 그래픽, 시각화, 내용 수정 가능성 그리고 내용 보완이 편리한 점이다. 전자책의 경우 목차의 항목을 선택하면 바로 해당 페이지로 이동하고, 메모나 책갈피 기능이 있으며, 내용을 복사할 수도 있다. 사전 기능과 인터넷 검색 기능이 탑재되어 있다. 책의 글씨체를 마음에 드는 것으로 바꿀 수도 있고, 심지어 읽어주는 기능도 있

다. 어두운 곳에서도 자체 조명으로 인해서 읽기가 용이하다. 전자책은 비용이 절감되고 보관 및 휴대가 편리하며 결재와 동시에 읽기가 가능하다. 음악, 영상 등의 멀티미디어가 포함된 콘텐츠도 하이퍼링크로 연결된다.

전자책의 단점으로는 전용단말기(e-book 리더기, 테이블PC) 또는 PC가 있어야 하고 인터넷이 연결되어야 볼 수 있다는 것이다. 또한 종이의 따뜻한 촉감과 안정감에 비해 전자기기의 차가운 느낌과 시각적 피로도가 동반된다. 전력 공급 및 스피커와 같은 요소가 필요하고, 아직은 콘텐츠도 많이 부족하다.

젊은이들일수록 종이책보다는 전자책을 선호한다. 세대 간의 정보전달 및 취득방법이 달라진 것이다. 종이책으로 정보를 취득하기보다 스마트폰이나 기기로 재미있고 다양한 정보를 접하는 데 익숙해 책에 흥미를 잃기 시작한 지 오래다. 최근에는 AR증강현실, VR가상현실의 콘텐츠를 넣어 학습의 효과성을 극대화하려는 시도가 나타나고 있다.

종이책은 넘기는 느낌, 종이 냄새 등으로 정서적 안정을 주어서 감정 이입 가능성이 높다. 전자책은 반사광의 디스플레이가 눈의 피로도를 높여서 집중력을 떨어뜨리기 때문에 오래 읽기 힘든 반면, 종이책은 오래 읽어도 눈의 피로가 상대적으로 덜하다.

종이책의 역사는 곧 우리 문명의 역사이자 예술과 문화, 지식의 산물이다. 이러한 까닭에 디지털의 발전으로 새로운 매체가 등장하더라도 종이책이 사라지지는 않을 것이다. 미국 터프 대학교의 매리언 울프는 『책 읽는 뇌』에서 "종이책은 읽는 도중에 생각의 지도를 만들어줄 수 있는 우수한 매체"라고 했다.

내용에 따라 종이책과 전자책은 서로 다른 선호도를 보이는 것으로 나타났다. 어학, 학습서, 컴퓨터, 인터넷, 취미, 오락, 예술 분야의 책은 전자책이 유용하고, 순수문학, 인문사회과학 분야는 종이책을 선호한다. 교과서 또한 종이책이 학습의 속도와 정확성 면에서 우월하다. 텍스트형 정보일 경우 종이책을 선호한다. 한눈에 내용을 파악할 수 있기 때문이다. 비주얼형 정보와 공간형 정보는 전자책을 선호한다. 공간형 정보의 경우 동영상이 표현할 수 있는 전자책을 선호한다. 종이책으로 동화를 읽으면서 상상력을 기를 수 있다. 전자책은 시각적으로 그림을 보여주거나 소리를 들려주기에 상상력을 발휘하기보다는 정보를 전달하는 데 유리하다.

이처럼 종이와 전자책은 상호 보완적인 관계이다. 둘 중의 하나가 없어져야 하는 경쟁적인 관계는 아니라는 뜻이다. 단기간에 하나의 미디어가 다른 미디어를 대체하기는 어려울 것이다. 기존에 책을 읽는 도구가 종이밖에 없었다면 지금은 다양한 도구로 책을 접할 수 있다. 종이책과 전자책의 장점을 살린다면 사람들은 더 많은 책을 더 유익하게 접할 수 있을 것이다.

기술이 지배하는 세상

기술의 발전은 인간 역사와 궤를 같이한다. 인간의 삶이 시작된 이후 지금까지 도구의 발명은 곧 기술이었다. 기술(technology)은 그리스어 테크네(teche)에서 유래하는데, 인간의 목적을 달성하는 데 필요한 도구를 의미한다.

미국의 기술 사학자 토머스 휴즈는 『시스템의 은유』에서 대규모 기술 체계의 진화를 설명한다. 그는 사회과학적인 시스템 이론으로 기술을 하나의 시스템으로 파악했다. 이 기술에는 우리가 쓰는 기술적인technical것만 포함되지는 않는다. 인공물을 포함해 유무형의 기술 요소와 생산 공장, 설비, 투자은행 등의 조직, 지식과 과학자들, 자연자원, 발명가, 기업가, 시스템 운전자 등까지 포함된다. 이러한 기술 시스템은 '발명 단계→개발 단계 →혁신 단계→기술 이전 단계→성장·경쟁·공공화 단계→모멘텀 획득 단계'의 5단계를 거쳐 진화한다. 이 기술 시스템을 전체적으로 설계하는 사람을 시스템 건설자라고 불렀다. 대표적인 사람이 에디슨과 같은 발명가 겸 기업가이다.

19세기 독일 기술철학자 에른스트 캅은 모든 기술은 인간 몸의 연장이라고 말했다. 갈고리, 그릇, 칼, 창, 노, 삽, 괭이와 같은 기술은 인간의 손, 치아, 팔의 연장선이며, 철도는 인간순환계의 연장, 전신과 통신 기술은 인간 신경계의 연장으로 보고 있다.

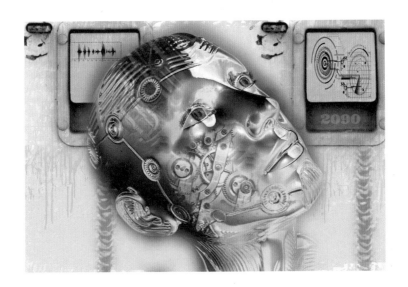

캐나다 문화비평가 마샬 맥루한은 텔레비전과 같은 미디어와 컴퓨터는 인간의 대뇌와 신경이라고 보았다.

미래의 기술은 인간을 뛰어넘을 것이라는 것이 중론이다. 『특이점이 온다The Singularity Is Near』의 레이 커즈와일은 2030년을 전후로 인간의 사고력으로는 예상하기 힘들 정도로 획기적인 기술이 구현될 것으로 보고 있다. 알파고와 이세돌의 바둑 대결과 같은 충격이 더욱 빨리 실현될 것으로 본다.

도구와 기술이 인간의 목적을 달성하기 위해 만들어졌듯이 인간을 위한 인공지능이어야지 인공지능을 위한 기술이어서는 안 된다. 인류가 만든 도구들의 지배를 받지 않고 그것과 조화를 이루어야 한다.

인공지능이
스토리를 만들다

한국의 대통령 탄핵 심판 선고에서 헌법재판소
장 권한 대행의 결정 요지가 화제였다. 결정문을 읽어내려 갈 동
안 사람들은 점점 더 결과를 알 수 있는 전개에 긴장감은 최고
조에 이르렀다. 결정문 내용에는 '그러나' 네 번, '그런데' 세 번
이 사용되었는데, 이러한 접속사는 스토리텔링에 있어서 극적
요소를 이끌어내고 반전의 결과를 가져와 흥미를 더욱 끌어올
린다.

미래학자 롤프 옌센은 『드림 소사이어티Dream Society』에서 정보
화 사회 이후의 사회를 꿈과 감성을 파는 드림 소사이어티라고

규정했다. 미래에는 사람들이 꿈과 감성을 추구하게 되면서 그와 관련된 분야가 떠오를 것이라는 전망이다. 따라서 스토리텔링이 무엇보다 중요하다는 것이다. 스토리텔링에서 극적인 감동을 안겨주는 것은 뭐니 뭐니 해도 반전 스토리이다.

반전의 감동을 주는 고전으로 대표적인 이야기가 「크리스마스 선물」이다. 가난한 부부는 다가오는 크리스마스에 서로에게 선물을 주고 싶었지만 돈이 없다. 남편은 시계를 팔아서 빗을 사서 아내에게 선물한다. 그러나 아내는 빗을 머리칼이 없다. 왜냐하면 아내는 자신의 머리칼을 잘라 팔아서 남편에게 선물할 시곗줄을 산 것이다. 서로의 선물이 빗나가서 소용없게 되었지만

두 사람은 사랑을 확인하며 행복한 결말을 맺는다.

반전에 반전을 거듭하는 고사성어가 있다. '변방의 노인이 말을 잃다'는 뜻의 새옹지마塞翁之馬이다. 중국 북쪽 변방에 사는 한 노인이 기르던 말을 잃는다. 그런데 얼마 후 도망갔던 말이 야생마들을 이끌고 돌아온다. 하지만 아들이 말들 중 한 마리를 타다가 크게 다치고, 그 덕분에 아들은 전쟁에 징집되지 않아 살아남게 된다.

반전의 묘미를 보여주는 영화 중 하나가 「혹성 탈출」이다. 2673년 미래의 어느 우주 비행사가 유리병에 쓰인 일기를 발견한다. 어느 행성의 바다에 불시착한 우주 비행사 일행은 총을 쓰는 원숭이들에게 쫓긴다. 그 행성은 원래 인간이 지배했는데 지금은 지능화된 유인원이 지배하고 있다. 유인원들이 만든 실험용 인공위성으로 탈출에 성공한 주인공은 꿈에 그리던 지구로 돌아가지만 700년 후의 지구도 유인원이 지배하고 있다. 하지만 그 일기를 다 읽은 우주비행사는 소설에 불과하다고 생각한다. 왜냐하면 지금까지의 일기를 읽은 것은 침팬지였기 때문이다.

프레젠테이션에도 스토리텔링이 자주 사용된다. 다양한 이미지와 삽화보다 반전이 들어 있는 내용으로 스토리를 구성하면 훨씬 설득력이 높다. 지금은 프로그램을 통해 스토리를 만들어 낼 수 있다. 드라마티카 프로, 파이널 드래프트라는 스토리를 만드는 소프트웨어이다. 또한 사례 기반 추론의 무료소프트웨어 스토리 헬퍼는 소설, 영화, 드라마, 애니메이션, 게임 등의 콘텐츠 아이디어를 도출하는 데 유용하다. 여기에 1500편의 영화 줄거리 및 인물의 특성 등에 관한 데이터베이스가 구축되어 있다. 글로벌 흥행이 입증된 작품으로 대중성, 작품성, 서사성이 뛰어난 작품으로 12여만 개 요소로 구성되어 있다.

2016년초에 일본에서 인공지능이 쓴 소설이 일본의 문학상 1차 심사를 통과해서 화제가 되었다. 소설의 제목은 「컴퓨터가 소설을 쓰는 날」이다. 인공지능과 인간이 공존하면서 인간이 만들어가는 다양한 이야기는 더욱 중요한 이슈가 되었다.

기계 인간의 시대

　장편 애니메이션 「은하철도 999」는 1978년 9월
부터 1981년 4월까지 2년 4개월에 걸쳐 113화가 방송되었고,
1979년과 1981년에 린 타로 감독의 극장판 영화가 상영되었다.
우리나라에서는 1981년 10월부터 1983년 1월 16일까지 인기
리에 방송되어 주제가를 모르는 사람이 없을 정도였다.

　「은하철도 999」는 마츠모토 레이지가 감명 깊게 읽었던 미
야자와 겐지의 『은하철도의 밤』을 읽고 하늘의 나는 철도의 밑
거름을 그리기 시작한다. 마츠모토 레이지의 아버지는 제2차세
계대전 때 일본 육군 항공대의 조종사이다. 이러한 성장 배경은

「우주전함 야마토」, 「우주해적 캡틴 하록」, 「신 우주전함 야마토」, 「천년여왕」에서 화려한 전투 장면의 바탕이 되었다.

「은하철도 999」는 2221년을 배경으로 하는데 우주의 부유한 사람들이 '기계의 몸'에 정신을 옮기고 기계 인간이 되어 영원한 생명을 누리고 있는 반면, 가난한 사람들은 기계의 몸을 얻을 수 없을 뿐만 아니라 기계 인간에게 박해를 받는다. 주인공 호시노 테츠로(철이)의 '호시'는 일본어로 '별'이라는 뜻이며, 테츠로는 '철'이라는 뜻으로 별의 따뜻함과 쇠의 차가움을 동시에 지니고 있다. '999'는 숫자 1만 있다면 완벽한 1천이 된다.

철이는 완벽한 기계 인간이 되기 위해 여행 중에 다양한 경험을 겪으면서 지구를 구하는 용사가 된다. 기계 인간 제국의 여왕 프로메슘은 장차 철이를 기계 인간 제국의 라메탈 성을 지키는 전사로 키우기 위해 딸인 메텔과 함께 우주여행을 보낸다.

은하철도 999호는 지구의 메갈로폴리스를 출발해 기계 혹성 프로메슘 행성까지 운행하는 증기기관차이다. 첨단 도시 메갈로폴리스의 정식 시민이 되기 위해서는 부자이거나 기계화되어야 한다. 가난하고 기계화되지 못한 인간들은 메갈로폴리스에 출입할 수 없고 빈민촌에서 살아야 한다. 철이와 그의 엄마가 기계 인간에게 쫓기던 중 엄마는 사살되고 철이는 메텔이 구출한다. 그리고 철이와 메텔은 함께 은하철도 999호의 승차하게 된다.

메텔은 프로메슘이 만든 가장 완벽한 여성의 몸체이자 철이 엄마의 판박이다. 유리의 몸을 가진 크레아는 여자 기계 인간인 메텔의 완벽한 몸을 자신의 몸과 바꾸기 위해 암살을 시도하지만 실패하고 산산조각이 난다.

극장판 「안녕 은하철도 999」에서는 호시노 테츠로의 아버지 흑기사 파우스트에 관한 이야기가 나온다. 「스타워즈」의 루크 스카이워크와 다스 베이더의 설정이 오버랩되는 대목이다. 철이를 우주의 전사로 키우기 위한 파우스트의 요청에 의해 메텔은 철이를 데리고 긴 우주여행을 떠난다. 흑기사 파우스트는 은하철도의 종착역 대안드로메다에서 죽음의 공포도 기아의 걱정도

없는 기계 인간 제국 유토피아를 설립하려고 한다.

은하철도 999호는 외양은 증기 기관차이지만 실제로는 고성능 인공지능AI으로 운행된다. 열차 스스로 운행되며 적이 나타나면 자체 방어 장갑차를 장착한다. 열차는 모든 상황에 대해 스스로 판단하고 처리하며 차장조차 제어하지 못한다. 열차의 최우선 목적은 정확한 운행, 승객의 안전이며, 행성 간의 이동에 있어서 독점권을 가진다.

많은 열차 중에 은하철도 999호를 앞질러서 달릴 수 있는 것은 유령 열차이다. 유령 열차가 기계 인간 제국으로 인간의 시체를 싣고 간다. 나중에 지구에서 기계 인간들이 먹고 생명을 유지했던 약들이 인간의 살과 뼈로 만든 영양 캡슐이라는 것을 안 철이는 프로메슘을 파괴하고 지구로 다시 돌아온다. 철이가 그토록 가지고 싶었던 완벽하고 영원한 기계 인간은 한낱 인간의 피와 살로 만들어진 영양 캡슐로 생명을 유지하고 있었던 것이다.

2017년 1월 유럽연합EU은 인공지능이 인류의 생존에 위협이 될 수 있다고 판단하고 로봇의 기능을 멈추는 킬 스위치가 필요하다는 결의안을 채택했다. 과학자이자 미래학자 레이커즈 와일이 말한 특이점, 즉 기계가 인간의 명령이나 제어를 뛰어넘는 시점이 오는 것을 우려하기 시작한 것이다.

인공지능이 지배하는 시대는 우리가 생각하지도 못한 속도로 다가오고 있다. 인공지능을 통한 금융서비스, IBM의 왓슨과 같은 의료 진단, 법률 서비스 지원, 가상 전쟁, 주식 투자, 기사 작성, 지능형 감시 시스템, 추천 시스템, 제품 생산, 판매, 교육에 이르기까지 점점 더 인간의 영역으로 깊숙이 들어오고 있다. 인공지능이 인간을 지배하거나 인간을 대체하는 것이 아니라 진정으로 인간에게 유익하고 인간과 공존하는 방법을 모색해야 할 때이다.

속도보다 영향력

　　서양에서 가장 오래된 금속활자본인 구텐베르크의 『성서』와 그보다 80년가량 앞선 우리나라 고려 때의 금속활자본 『직지심체요절』(1377)을 비교하곤 한다. 하지만 누가 먼저 만들었냐 하는 것보다는 그 시대와 사회에 어떤 영향을 미쳤는가 하는 것이 더 중요하다. 인쇄술과 책의 출판이 중세의 지식 독점 시대를 무너뜨리는 데 결정적인 역할을 하게 되었고, 이것이 르네상스와 종교개혁으로 이어졌다. 비단, 향료, 종이, 나침판, 인쇄술은 동양에서 먼저 발명되었지만, 먼저 발명하고도 서양에 역전을 허용한 것은 먼저 만들었는가가 중요한 것이 아니라 어떻게 운용하였는가가 더 중요하다는 것을 의미한다. 서양의 책은 중세를 붕괴시켰지만 고려와 조선에서는 책이 중세의 질서를 유지하는 데 이용되었다.

마르코 폴로의 『동방견문록』은 원래 '세계의 서술Dvisamentdo Monde'이었다. 일본과 마다가스카르, 시베리아와 수마트라에 이르는 광대한 시선이 유럽인들에게 지리적 상상력을 넓혀주고 그들의 욕망을 자극하면서 실크로드가 다시 이어지고 대규모의 교역이 시작되었다.

정화의 남해 원정(1371~1435)은 서양의 대항해 시대보다 훨씬 앞선다. 명나라 환관 정화의 선단은 유럽의 배들과 비교할 수 없는 규모다. 길이가 137미터, 너비가 56미터, 마스트가 3개에 이르는 1500톤의 배다. 남해 원정은 명목상으로는 명나라 북망의 강성 티무르 제국이 서역으로 통하는 육로인 비단길을 막았기 때문이라는 것이다. 하지만 그 원정길은 여러 나라의 조공을 촉구하고 새로 개국한 명나라의 위신을 전 세계에 과시하기 위한 것이었다. 속내는 군사적, 상업적 대체 통로의 확보였지만, 명분은 중국의 대외 과시였다.

정화는 1433년부터 28년 동안 7차례 항해를 하였다. 정화가 이끄는 선단의 항해술은 독보적이었다. 나침반과 견성판을 사용하여 방향을 잡고, 물시계를 이용하여 시간을 측정하고, 항로를 조절한다. 야채를 오랫동안 보관할 수 있는 염장법을 활용하고 심지어 기생들까지 태워 선원들을 격려했다.

정화의 남해 원정은 영락제의 죽음과 함께 끝을 맺는다. 그 후에는 배의 설계도까지 불살라 더 이상 배를 건조하지 못하게 했다. 선박 돛의 수도 제한해 원양 항해를 아예 차단한 것이다. 이 때문에 중국은 해상 강국으로서의 지위를 스스로 상실하고 활동 범위가 내륙으로 한정되어 버렸다. 종이, 화약, 나침반, 물시계 또한 중국이 먼저 만들었지만 그것이 나라의 힘을 키우는 데 일조하지 못하고 결국 서구 제국주의의 침략에 무너지고 만 것이다.

일본은 서양을 따라잡고 극복하기 위해 유럽에 이와쿠라 사절단을 보내서 비교적 강소국인 네덜란드(화란)에서 유럽을 배우는 난학을 정립하고 지속적인 교류를 했다. 반면 조선은 형식적인 유람단(신사유람단)에 그쳤고, 그 차이가 20세기 양국의 처지를 갈라놓는 결정적인 요인으로 작용했다.

그동안 우리는 속도에 매몰되어 여러 분야를 융합하는 학문을 등한시했다. 수학 공식을 푸는 것만으로 성공할 수 있는 시대는 지났다. 그보다는 지식과 정보를 서로 묶고 새로운 의미를 찾으며, 그것으로 더 나은 가치를 찾아내야 한다. 기존의 가치를 가지고 끊임없이 지식을 재구성해 나가야 한다. 인문학은 더 이상 문학, 역사, 철학에 머무는 것이 아니라 예술, 과학, 수학의 영역과도 융합되어야 한다.

나를 성장시키고
변화시킨 건 책이었다

아서 쾨슬러는 "과학적 사고는 다른 분야의 결정적인 사건들이 교차함으로써 탄생한 것이다"라고 말했다. 한 가지의 영역에서 다른 영역으로 옮겨가면서 오랫동안 보이지 않았던 비밀의 문, 즉 창조적인 사고가 열린다는 것이다. 결국 다양한 분야에 대한 지식이 서로 융합되어 창조적인 아이디어가 탄생한다는 뜻이다.

사회학자 레이올덴버그는 집이나 사무실과 같은 배타적인 장소와 구별되는 공간을 제3의 장소라고 불렀다. 18세기 커피하우스는 계몽주의 시대의 수많은 혁신의 밑거름이 되었다. 서로 다른 분야의 전문가들이 물리적 공간이나 지적 공간에서 만날 때 창조적인 불꽃이 일어난다. 이제 우리는 물리적 공간뿐만 아니라 가상의 공간까지 지니게 되었다. 서로의 지식과 열정을 공유할 공간이 더 많이 생겨난 것이다.

전화기를 들고 다닐 수 있게 만들고, 전화를 하는 기능 외에도 카메라, 비디오, 동영상, 사진, 인터넷 검색, 내비게이션, 신용카드 등과 같은 다양한 기능을 넣어야겠다는 발상은 어디에서 비롯되었을까? 세상을 변화시키는 발상의 전환을 이끈 사람들의 생각을 소개하려고 했다.

르네상스 시대의 사람들은 거대한 혁신을 준비하면서 고대 그리스와 로마에서 답을 찾으려 했다. 고대의 문예를 배우고 익히는 문예부흥으로 새로운 시대를 연 것이다. 르네상스 시대와 지금의 물질문명은 다르지만 사유의 흐름은 그때나 지금이나 다름없다. 인공지능과 로봇 시대에 살아가지만 인간이 추구해야 할 방향과 아이디어는 과거의 지식에서 구할 수밖에 없는 것이다.

필자는 학교 교육현장에서 20년 이상을 가르쳐왔다. 또한 스마트교육학회를 통해 새로운 교육을 주도하였으며, 디지털 교과서의 보급을 위해 선도 교원으로서 활동해왔다. 앞으로 만들어질 첨단미래학교 자문교사를 해오면서 어떻게 하면 우리나라를 일본이나 미국 그리고 유럽보다 사람 살기 좋은 곳으로 만들 수 있을까 끊임없이 고민해왔다.

많은 사람이 의기투합하여 좋은 방향으로 만들어가면 될 것이라 생각하여 선생님과 함께하는 미래교육 포럼 커뮤니티도 운영해왔다. IoT, VR, AR, MR, 3D 프린트, 소프트웨어교육, 드론 등이 강조되는 제4차산업혁명 시대를 살아가기 위해, 그리고 모두가 행복한 나라를 만들기 위해, 무엇보다 내 자식들이 살아갈 세상에는 무엇이 앞으로 펼쳐질 것이며 어떻게 살아야 하는가는 아주 중요하다.

학생, 학부모, 현장에 있는 연구자들, 또한 오늘도 깨달음을 얻기 위해 온라인이나 SNS를 검색하는 사람들에게 반드시 도움이 될 힌트들이 이 책에 숨어 있다. 그것을 어떻게 찾는가는 읽는 사람의 몫이다. 서양과 동양, 고대와 현재의 시대를 더듬어가면서 문제를 제기하고 문제를 해결했던 이야기를 나름대로 적으려고 노력했다.

나는 깨달음을 얻기 위해 5년 동안 하루에 한 권씩 책을 읽어왔다. 시대의 흐름이 뒤처지지 않도록 나를 성장시키고 변화시킨 것은 바로 책이었다. 이 한 권의 책이 독자들에게도 그러한 마음의 불씨를 지피기를 바란다. 삶의 길이나 방법을 모르고 절박한 상황에서 해결의 실마리를 이 글로나마 도움을 얻으면 하는 바람이다.

교사가 되고 나서 많은 가르침과 동행을 함께 해줬던 동료 선생님들을 잊지 못한다. 그분들이 보여주셨던 배려와 가르침이 지금의 나를 있게 했다.

이 책의 이야기를 소개해주신 EBS대표 강사 정동완 선생님, 이 책이 잉태될 수 있는 기회를 주신 미디어숲 출판사 김영선 대표님, 나를 게으른 교사에서 작가로 입문하게 해주신 에듀클라우드 조성훈 대표님께 감사드린다. 시대의 변화와 새로운 학습방법을 통해 학생들을 가르치는 데 전념하고 계시는 모든 선생님 그리고 교수님들과 함께 이 글을 나누고 싶다. 마지막으로 이 책이 나오기까지 많은 지원을 아끼지 않는 아이들의 엄마, 그리고 아들 태리와 딸의 다인이에게도 감사를 드린다.